Inversión en propiedades de alquiler

Descubra los secretos de la inversión y la gestión de bienes raíces, y encuentre aquellas propiedades de inversión que le proporcionen ganancias pasivas

© Copyright 2019

Todos los derechos reservados. Ninguna parte de este libro puede reproducirse de ninguna forma sin permiso por escrito del autor. Los revisores pueden citar breves pasajes en las revisiones.

Aviso Legal: ninguna parte de esta publicación puede ser reproducida o transmitida de ninguna forma o por ningún medio, mecánico o electrónico, incluyendo fotocopias o grabaciones, ni por ningún sistema de almacenamiento y recuperación de información, ni transmitida por correo electrónico sin permiso por escrito del editor.

Si bien se han realizado todos los intentos para verificar la información proporcionada en esta publicación, ni el autor ni el editor asumen ninguna responsabilidad por errores, omisiones o interpretaciones contrarias de la materia en este documento.

Este libro es sólo para fines de entretenimiento. Las opiniones expresadas son las del autor solo y no deben tomarse como instrucciones u órdenes de expertos. El lector es responsable de sus propias acciones.

El cumplimiento de todas las leyes y regulaciones aplicables, incluidas las leyes internacionales, federales, estatales y locales que rigen las licencias profesionales, las prácticas comerciales, la publicidad y todos los demás aspectos de hacer negocios en los EE. UU., Canadá, el Reino Unido o cualquier otra jurisdicción, es responsabilidad exclusiva del comprador o del lector.

Ni el autor ni el editor asumen responsabilidad u obligación alguna en nombre del comprador o lector de estos materiales. Cualquier percepción leve de cualquier individuo u organización es puramente involuntaria.

Contents

INTRODUCCIÓN 1

CAPÍTULO 1: CONVERTIRSE EN ARRENDADOR 3

   SER PROPIETARIO DE UN INMUEBLE PARA ALQUILAR: UN VIAJE A LA RIQUEZA 3

   LAS FUNCIONES PRINCIPALES DEL ARRENDADOR 4

CAPÍTULO 2: ENCONTRAR PROPIEDADES PARA INVERTIR 9

   TIPOS DE PROPIEDADES DE ALQUILER 10

   LOS MEJORES TIPOS DE PROPIEDADES DE ALQUILER PARA INVERTIR 13

   LO MÁS IMPORTANTE 14

   TIPOS DE PROPIEDADES PARA ALQUILERES A CORTO PLAZO 15

   ¿CÓMO ELEGIR SU PRIMERA PROPIEDAD DE ALQUILER? 18

   ENCONTRAR PROPIEDADES DE INVERSIÓN A LA VENTA EN LAS REDES PERSONALES DE INVERSORES O NETWORKING 21

   ENCONTRAR PROPIEDADES DE INVERSIÓN A LA VENTA ONLINE 26

      Encontrar propiedades de inversión a la venta en medios impresos 27

      Encontrar propiedades a la venta para invertir a través de subastas 27

      Encontrar propiedades a la venta a través de MLS 28

CAPÍTULO 3: ¿CÓMO ADMINISTRAR SU PROPIEDAD DE ALQUILER? 32

   ¿CÓMO AGREGAR VALOR A SU PROPIEDAD DE ALQUILER? 32

   OPCIONES BÁSICAS DE ARRENDAMIENTO CON OPCIÓN A COMPRA 35

   CONSEJOS DE MARKETING PARA PROMOCIONAR RÁPIDAMENTE SU PROPIEDAD DE ALQUILER 40

   SECRETOS PARA MANTENER LA RENTABILIDAD DE LA PROPIEDAD DE ALQUILER 44

   CÓMO CREAR UN MODELO DE NEGOCIOS DE INVERSIÓN INMOBILIARIA ... 46

   SU SITUACIÓN ACTUAL 47

   ¿DÓNDE QUIERE LLEGAR? 48

CAPÍTULO 4: ANALIZAR UNA PROPIEDAD DE ALQUILER 50

- Ubicación 50
- Estrategia de alquiler 51
- El tipo de propiedad...51
- Tipo de inquilinos que desea atraer 51
- Ingresos por alquiler y flujo de caja...51
- Tasas de vacantes y ocupación...52
- Efectivo en Cash Return 53
- Análisis comparativo de mercado 53
- Consejos para llevar los números de la propiedad 56
- Pasos a seguir para determinar con precisión el valor de su propiedad 57
- Errores a evitar al analizar alquileres 59

CAPÍTULO 5: FINANCIE SU PROPIEDAD DE ALQUILER 61

CAPÍTULO 6: CONSEJOS DE NEGOCIACIÓN.......................................68
- Nuevas pautas...69
  - *Aprenda cuándo decir "sí" o "no".*...*73*
  - *Use las dos palabras que cambian instantáneamente cualquier negociación* *75*
  - *Transforme la realidad de los demás* *76*
  - *Genere una ilusión de control* *77*
  - *Implemente una garantía*..*78*
- Cómo negociar: Consejos básicos para la negociación inmobiliaria 82

CAPÍTULO 7: LOS SECRETOS DE INVERSIÓN Y GESTIÓN DE PROPIEDADES DE ALQUILER...84
- Elija el plan correcto..84
- Secretos de la gestión de las propiedades inmobiliarias.....................88
  - *Administración de inquilinos*..*88*
  - *Mantenimiento de la propiedad* *90*
  - *Contratación de un administrador de la propiedad* *90*
- Secretos para una inversión inmobiliaria exitosa 91

CUATRO PECADOS DE INVERSIÓN INMOBILIARIA QUE ARRUINARÁN SU INVERSIÓN.. 92

ESTRATEGIAS DE SALIDA E INTERCAMBIOS... 99

CONCLUSIÓN 101

Introducción

Cuando se trata de inversión en bienes raíces, lo primero que puede venir a su mente es su casa; sin embargo, los bienes raíces residenciales pueden desempeñar un papel importante en cualquier cartera exitosa y diversificada.

Cuando usted invierte en bienes raíces residenciales, a menudo denominados propiedades arrendadas y que son un activo tangible, usted obtiene una oportunidad de inversión segura e interactiva que le permite expandir su cartera financiera. Además, tener una propiedad en alquiler es un medio seguro y excelente para aumentar su patrimonio.

La inversión y la gestión de propiedades en alquiler puede ser tan simple como jugar a un juego de monopolio, siempre y cuando usted domine los factores fundamentales de la economía, las finanzas y el riesgo. Para tener éxito, tiene que comprar propiedades, evitar la bancarrota y generar renta para poder comprar más propiedades. Pero no olvide que "simple" no significa "fácil". Si usted comete un error, los resultados pueden ir desde desastres menores a mayores. Incluso puede caer en quiebra o algo peor.

En este libro, usted aprenderá los secretos que los inversionistas exitosos usan para manejar sus inversiones en propiedades.

El primer capítulo detalla los fundamentos y las responsabilidades de convertirse en propietario.

A continuación, aprenderá a encontrar propiedades de inversión que puedan proporcionarle ingresos por alquileres tanto a corto como a largo plazo. Una vez que domine las diferentes estrategias, aprenderá a administrar la propiedad real.

A continuación, descubrirá cómo agregar valor a su propiedad de alquiler, incluyendo cómo hacer un modelo de negocio exitoso.

Los capítulos cuatro y cinco se centran en cómo analizar su propiedad de alquiler y las diferentes maneras de financiar su propiedad, respectivamente.

El sexto capítulo profundiza sobre los mejores métodos para negociar acuerdos. Usted aprenderá por qué es fundamental escuchar cuando necesita comenzar una negociación y por qué debe utilizar espejos en su conversación.

El capítulo final se concentra en los mejores secretos de la inversión y la gestión de las propiedades de alquiler. Lo más importante es cómo elegir el plan correcto, cómo seleccionar los miembros de su equipo de inversión de alquiler y cómo gestionar sus alquileres y estrategias de salida.

Por último, aprenderá sobre los errores que hay que evitar en la inversión en propiedades de alquiler.

Si usted es nuevo en la inversión en propiedades de alquiler o en la organización de su propiedad de tercera renta, este libro tiene excelentes consejos para usted.

¡Es hora de comenzar!

Capítulo 1: Convertirse en arrendador

Convertirse en arrendador puede ser una gran opción para aumentar su riqueza. Si este es su plan, aquí hay algunos indicadores sólidos que puede considerar:

- Prepárese para el tipo de trabajo que conlleva, el cual implica la búsqueda de inquilinos hasta el cumplimiento de acuerdos legales y el cuidado de los servicios públicos. Es crucial saber en qué se está metiendo.

- Como arrendador, usted necesita un abogado especialista en bienes raíces que lo ayude a lidiar con cualquier problema legal que pueda ocurrir. Diferentes leyes federales y estatales regulan los asuntos de alquiler, como depósitos de seguridad, contratos de arrendamiento, discriminación, pagos atrasados de alquiler y mantenimiento.

- Si usted tiene una propiedad que desea alquilar, pero no quiere ocuparse de las tareas cotidianas, busque una empresa de administración de propiedades.

- Usted deberá trabajar duro para conseguir los inquilinos adecuados. Si elige mal a sus inquilinos, entonces debe prepararse para desalojarlos.

Ser propietario de un inmueble para alquilar: Un viaje a la riqueza

Según un informe de la Encuesta de compradores de casas de vacaciones e inversiones de la Asociación Nacional de Agentes Inmobiliarios de 2017, las propiedades de inversión aumentaron de 1.09 millones a 1.14 millones en 2016.

Usted puede dedicarse al alquiler de sus propiedades de distintas maneras. Puede elegir que otros hagan todo el trabajo por usted, o puede ser su propio jefe y aumentar gradualmente su patrimonio neto. Sin embargo, este trabajo no es para todos.

¿Usted tiene las habilidades y la experiencia que se necesita?

Para muchos, es un trabajo duro, solo a unos pocos novatos les resulta fácil convertirse en arrendador o casero de sus propiedades. Algunos experimentan problemas, especialmente cuando la economía y el mercado no funcionan bien, es decir, cuando los inquilinos comienzan a no pagar el alquiler.

Si usted ha vivido en una casa o apartamento alquilado, es posible que nunca haya conocido a su arrendador. Esto se debe a que él o ella pueden haber elegido a otras personas para que mantengan y administren la propiedad.

Posiblemente, el arrendador y propietario del inmueble puede haber vivido en uno de los apartamentos de su edificio. Entonces, es posible que se hayan conocido o se hayan cruzado todos los días sin saberlo o puede que haya realizado todas las tareas y responsabilidades, como reparar un grifo con fugas.

Las funciones principales del arrendador

Si los propietarios deciden hacer todo por su cuenta o designar a otros para que lo hagan, aún tienen la responsabilidad principal de muchas tareas, tales como:

Encontrar los inquilinos correctos

1. Publicidad para atraer nuevos inquilinos: Usted pronto aprenderá a dirigirse a su mercado objetivo. Es importante señalar, que existen algunas plataformas online dedicadas a la publicidad local clasificada que puede utilizar y que son rentables. Tal es el caso de Craigslist.

2. Acuerdos legales: Usted debe firmar un contrato de arrendamiento para cada alquiler. Los elementos principales que debe incluir en un contrato de arrendamiento son declaraciones que establecen claramente quién es responsable de las diferentes tareas, como el mantenimiento del patio o garantizar el mantenimiento de los electrodomésticos.

3. Usted puede contratar a un abogado para que redacte el contrato de arrendamiento o puede redactarlo usted mismo con una plantilla que puede obtener en una página web certificada.

4. Enseñar la propiedad a los clientes potenciales: Esta es una gran oportunidad de venta que puede ayudarlo a reducir el tiempo muerto entre un alquiler y otro. También es una oportunidad para saber que clientes no califican y eliminarlos.

5. Chequee los inquilinos para evitar delincuentes, morosos e insolventes: Diferentes compañías, algunas en Internet, proporcionan verificaciones de crédito y la verificación del potencial inquilino al propietario.

Administrar su Propiedad

1. Cobro de alquileres y depósitos: ¡no se olvide de esto!

2. Establezca y aplique reglas: a los propietarios más exitosos les gusta implementar reglas rígidamente. Los inquilinos no tienen otra opción que cumplir con las normas y reglamentos.

3. Solución de problemas de seguro y responsabilidad civil: pueden incluir piscinas, caminos helados y garantizar que el hogar cumpla con los estándares exigidos.

4. Mantener los libros y controlar los pagos de impuestos: Infórmese bien para que pueda reclamar todas las deducciones que se apliquen.

5. Observar las leyes locales de propietarios e inquilinos: Y así evitar llegar a *la* corte o aún peor, perder en la corte.

6. Mantenga los registros correctos para fines legales y fiscales: nunca se sabe cuándo el tribunal y el IRS le pedirán dichos detalles.

Es bueno probar solo aquellas tareas y responsabilidades para las cuales cree que tiene el tiempo y las habilidades. Sin embargo, el trabajo que subcontrate le costará y reducirá las ganancias de su empresa.

¿Alquiler ocasional o Aspiración profesional?

Algunas personas nacen para ser arrendadores, otras llegan a serlo a través del esfuerzo y trabajo, o simplemente otras porque se les ha impuesto. Esto significa que heredan una propiedad de alquiler, la compran o se convierten en propietarios y arrendadores inesperadamente.

Quienes se convierten en arrendadores accidentalmente, suelen ser propietarios de viviendas que tuvieron que mudarse a un lugar diferente, probablemente por razones familiares o de trabajo, pero no pudieron vender su casa. Esto podría deberse a que tenían "patrimonio neto negativo" o el mercado inmobiliario local era pobre, y nadie estaba comprando. Por lo tanto, para asegurarse de tener dinero, tuvieron que alquilar su casa.

Inmueble "a prueba de inquilinos"

Esto generalmente es bueno para el inquilino porque el inquilino puede vivir en la propiedad con el "orgullo y la alegría" del propietario. Sin embargo, si el inquilino no cuida bien la casa, así como el propietario, eso puede cambiar fácilmente y el inmueble arrendado puede convertirse rápidamente en una pocilga.

Para hacer frente a este riesgo, algunos arrendadores se encargan de poner su propiedad "a prueba de inquilinos". Esto podría significar reparar pisos de madera dura destruidos utilizando alfombras de bajo costo y linóleo, al mismo tiempo que elimina los aspectos débiles que pueden haber sido dañados, como una estufa de leña.

Dicho esto, la prueba de los inquilinos debe considerarse en forma de marketing de contenidos. Si desea atraer inquilinos de alto nivel que pagarán por servicios de calidad, entonces necesitan algo de lujo. Si las personas en su mercado objetivo están interesadas en un techo sobre sus cabezas, su objetivo debe ser asegurar el valor de su activo.

Ayuda Profesional

Algunos arrendadores piensan que pueden acometer todas las tareas ellos mismos. Aunque algunos tienen éxito, muchas personas no encuentran suficiente tiempo en un día, especialmente cuando tienen otro trabajo. También pueden carecer de las habilidades para realizar todos los trabajos de mantenimiento y reparación necesarios.

Por lo tanto, deciden buscar un profesional para que los ayude. Los pocos que carecen del tiempo para elegir, optan por una empresa de servicios de administración de propiedades a tiempo completo, que gestionará todas las tareas en su nombre. Los costos para la administración de la propiedad dependen del mercado local actual, la tarea que hacen y si el alquiler es a corto o largo plazo.

En los EE. UU., la gestión del alquiler a largo plazo se sitúa en el rango del 8-15%. Sin embargo, las propiedades de alquiler a corto plazo en las áreas de resort, pueden tener un costo de más del 50% por su administración. Cada semana, será necesario limpiar el lugar, tomar reservas, reemplazar las líneas y cobrar el alquiler.

Escoger del menú

Escoger a una agencia o un profesional para que realice todos los servicios completos puede ser muy costoso para muchos propietarios. Se sugiere ver la lista de tareas que deben hacerse como un menú, y luego seleccionar las cosas que usted puede hacer bien personalmente y subcontratar el resto.

Aquellos que son buenos haciendo cosas de la casa, pueden elegir las tareas de reparación de rutina, y los que tienen experiencia genuina en la construcción pueden asumir todo tipo de trabajo que pueda requerir una casa. Del mismo modo, algunos pueden ser muy buenos en tareas administrativas o tener excelentes habilidades con las personas. Lo correcto es aprovechar sus puntos fuertes al elegir las tareas que desea hacer.

No tome riesgos

La regla de oro siempre ha sido no pretender ser bueno en las cosas cuando no lo es. No se preocupe ni se sienta mal por sus limitaciones, todos las tienen.

Algunas personas simplemente no tienen la intención de manejar una herramienta o descubren que sus ojos se cansan al leer un documento legal. Otros son contadores naturales o pueden ser más comprensivos con respecto a un inquilino que está atrasado en su alquiler o que se acerca a un incumplimiento de su contrato.

Por lo tanto, siempre debe recordar el viejo dicho: "lo barato sale caro". En otras palabras, no arruine su negocio para ahorrar unos pocos dólares, especialmente cuando tenga dudas sobre problemas legales, es mejor contratar a un abogado.

¿Qué le parece ser un arrendador anónimo?

Si usted vive en uno de los apartamentos de un edificio de su propiedad, puede tener algunas ventajas. Nadie cuidará su mayor activo mejor que usted. Además de eso, no perderá tiempo trasladándose de un lugar a otro.

Sin embargo, vivir en las mismas instalaciones de su inquilino tiene sus desafíos. Para comenzar, existe la necesidad de cierta distancia emocional con sus inquilinos. Si usted se hace amigo de ellos, puede ser difícil evitar sus súplicas si alguna vez pagan el alquiler tarde. Además, pueden convencerlo de que no siga todas las reglas o puede ser sometido a sus quejas con frecuencia.

Si usted no desea que las personas llamen a su puerta todo el tiempo para quejarse de problemas menores, entonces debe vivir lejos de la propiedad.

Una forma de superar esto es no revelar a quienes lo rodean que usted es el propietario; o en su lugar, puede usar un administrador de propiedades para administrar el edificio.

Capítulo 2: Encontrar propiedades para invertir

Cuando se trata de invertir en propiedades de alquiler, usted quizás se pregunte en qué tipos de propiedades de alquiler debería invertir su dinero. Bueno, la respuesta es simple: los diferentes tipos de propiedades de alquiler satisfacen las necesidades de varios inversionistas de bienes raíces. Cada clase de propiedades de alquiler tiene sus ventajas y desventajas, incluyendo el retorno en la inversión, la frecuencia de los flujos de efectivo y otros factores. Dicho esto, ¿cuáles son los mejores tipos de propiedades inmobiliarias para invertir?

Propiedades de alquiler a largo plazo versuspropiedades a corto plazo

Como inversionista en propiedades de alquiler, es bueno establecer sus objetivos de inversión antes de comenzar a explorar diferentes tipos de propiedades. La decisión de elegir estrategias de alquiler a largo o corto plazo depende del método de financiación que usted elija y de la ubicación de la propiedad. Si selecciona el plan de alquiler a largo plazo, se asegura un flujo continuo de ingresos que pagará sus facturas hipotecarias. Sin embargo, este no es el caso con alquileres a corto plazo, donde la ubicación es crítica para definir la tasa de ocupación de su propiedad.

Por esa razón, las propiedades de alquiler a largo plazo son el tipo de propiedad de alquiler más popular en la inversión inmobiliaria. Los alquileres a largo plazo se alquilan por al menos seis meses y son elegidas por los inversionistas inmobiliarios nuevos y con experiencia, ya que proporcionan un ingreso estable que pagará la inversión, aumentará su valor con el tiempo y se pueden utilizar contra préstamos con garantía hipotecaria.

El riesgo significativo que representan las propiedades de alquiler a largo plazo es cuando están vacías, y esto puede eliminarse invirtiendo en una propiedad ubicada en la mejor zona que satisfaga las necesidades de los inquilinos; por ejemplo, invertir en viviendas unifamiliares cercanas a las escuelas. Otro inconveniente que presentan las propiedades de alquiler a largo plazo es el manejo de inquilinos. Convertirse en propietario no es un trabajo simple, especialmente si tiene inquilinos tercos y exigentes. Es por eso que contratar una empresa de administración de propiedades puede evitar los problemas cotidianos y aliviar el estrés, pero esto tiene un costo.

Por otro lado, los alquileres a corto plazo funcionan todas las noches. En otras palabras, el intervalo de tiempo en que un inquilino puede quedarse varía entre una noche y seis meses. Los propietarios pueden alquilar sus casas o incluso comprar propiedades de inversión con el único propósito de alquilarlas a corto plazo. Algunas de las compañías que facilitan alquileres a corto plazo incluyen HomeAway, Airbnb, y VRBO entre otras. La principal ventaja de tener una propiedad de alquiler a corto plazo, especialmente en una ubicación estratégica, es la gran ganancia generada en comparación con el alquiler de la misma propiedad por un período prolongado. Sin embargo, debido al nivel de competencia en este negocio, los propietarios tienen que establecer una ventaja competitiva para mantener las tasas de ocupación.

Tipos de propiedades de alquiler

Apartamento normal

Un apartamento es una vivienda alquilada dentro de un edificio residencial que puede tener una o más habitaciones, lo cual es bueno para una persona o familia. Es posible tener varios apartamentos en un solo complejo residencial, pero cada apartamento es independiente y se puede alquilar.

Un apartamento debe contener todas las habitaciones necesarias que requerirá un individuo, como un baño, cocina, dormitorio y servicios. Pero algunos apartamentos tienen otras características. Tomemos, por ejemplo, un apartamento tipo estudio. Esto es lo mejor para una persona porque tiene solo una habitación que actúa como sala de estar, comedor y dormitorio, con una pequeña cocina y baño.

Un apartamento con jardín a menudo está rodeado por un área ajardinada, similar a una casa adosada, mientras que un apartamento tipo loft tiene diferentes unidades alojadas dentro de un edificio de varios pisos. La definición puede parecer confusa, debido a los otros tipos de apartamentos presentes hoy en día, pero la mayoría son ideales para un individuo o una familia pequeña.

Apartamentos con servicio

Un apartamento con servicio es una propiedad de alquiler de alta gama que tiene todas las comodidades necesarias de un apartamento promedio, pero también ofrece otros servicios. Eso significa que tiene un servicio de limpieza programado, camarera o criada, reparaciones y otros beneficios que puede encontrar en un restaurante u hotel. Este apartamento es el más adecuado para las personas que desean algo adicional al acuerdo, mejor espacio, privacidad y una estadía prolongada. El propósito de un apartamento con servicio es ofrecer uno de los mejores espacios de lujo para garantizar que el inquilino se sienta como en casa. Como la mayoría de los apartamentos, un apartamento con servicio también tiene espacios privados y espacios comunes para todos los ocupantes.

Street house/casa unifamiliar

Una casa unifamiliar es un edificio independiente diferente de una casa familiar normal con un área de estacionamiento privado, patio y jardín. La casa puede ser de un solo piso o de varios pisos, con otras funciones como cercas, una piscina, un garaje y un camino de entrada. Esto es un poco diferente de una casa adosada o una casa en la calle que se construye al lado de otras unidades. La casa adosada puede ser un complejo de varios pisos similar a un apartamento, pero a menudo contienen más espacio en el piso y el nivel más bajo puede ser ocupado por tiendas y oficinas. Una casa adosada también puede parecerse a un complejo de apartamentos, pero estos últimos generalmente tienen un espacio compartido, y el edificio tiene ascensores, escaleras y caminos para todos. A diferencia de las casas, los apartamentos están amueblados por el propietario con electrodomésticos y muebles.

Bed and Breakfast

De forma abreviada conocido como "B&B", es una casa privada diseñada para que los huéspedes pasen la noche. Como su nombre lo indica, tiene un desayuno incluido y otras comodidades sociales. Existen muchos tipos de bed and breakfast y son únicos según la región y la ciudad. Generalmente mejor valorados que otras instalaciones.

Bungalow

Un bungalow es una casa baja que cuenta con un gran porche delantero sin un piso superior o habitaciones superiores ubicadas en el techo. Los bungalow ofrecen movilidad fácil para ancianos, discapacitados o niños porque solo hay un piso. Un bungalow tiene mucho encanto debido a los diferentes tipos de casas que se construyeron a principios del siglo XX.

Condominio

También conocido como "condo", se refiere a un edificio o un complejo de edificios que tienen apartamentos de propiedad individual. La mayoría de los condominios ofrecen más comodidades que los apartamentos.

Cabaña

Una cabaña es generalmente una casa pequeña, generalmente de una sola planta. Las cabañas están construidas en una amplia gama de materiales que comprenden piedra, zarzo o madera. Las cabañas son acogedoras y comunes en las regiones rurales o semi-rurales.

Hostal o albergue

Este es un alojamiento de bajo presupuesto utilizado entre los viajeros. Cuando una persona reserva una estadía en un albergue, generalmente reserva una sola noche, pero no la habitación completa. Una cama puede estar en una habitación compartida con cuatro o veinte viajeros a la vez. Los baños en un albergue son de estilo dormitorio, con diferentes duchas y una hilera de lavabos. Los albergues son baratos y brindan a un individuo la oportunidad de interactuar con diferentes tipos de personas; sin embargo, no ofrecen la comodidad y el confort de un hotel.

Mansión

Es una casa grande, bonita y cara.

Townhome o casa adosada

Por definición, una casa adosada es una casa adosada alta, estrecha y tradicional que tiene tres o más pisos. Debido a la corta distancia a los vecinos y a las paredes compartidas, esto puede provocar ruido y privacidad limitada. A pesar de eso, una casa adosada está amueblada con excelentes comodidades, como parques infantiles, piscinas, canchas de tenis, casas club y mucho más.

Villa

Históricamente, las villas se consideraban una finca rural de clase alta construida por romanos. Hoy en día, las cosas han cambiado porque se han rediseñado en viviendas adosadas en un distrito residencial.

Chalet

Los chalets se parecen a las cabañas; la única excepción es que tienen lados panelados y techos angulados. Los chalets generalmente están conectados con vistas a montañas y laderas. Son lujosos y están equipados con jacuzzis y chimeneas. Además, tienen amplias cubiertas y terrazas. También se incluyen otras excelentes comodidades, como Wi-Fi, agua y electricidad.

Los mejores tipos de propiedades de alquiler para invertir

Ahora que usted está familiarizado con los diferentes tipos de propiedades de alquiler veamos el tipo de propiedades de alquiler en las que puede invertir.

Viviendas unifamiliares

Estas son estructuras separadas que generalmente albergan una sola familia. A menudo las encontrará en áreas suburbanas porque los precios de la tierra son mucho más bajos que en zonas urbanas. Después de evaluar todo tipo de propiedades de alquiler, las casas unifamiliares son quizás las mejores por diferentes razones:

- *Alta demanda:* incluso cuando el mercado inmobiliario registra pérdidas, siempre habrá demanda de viviendas unifamiliares.

- *Inversiones asequibles:* si las compara con otros tipos de propiedades de alquiler, las viviendas unifamiliares requieren la menor cantidad de capital para la inversión.

- *Fácil de financiar:* siempre que tenga un pago inicial de al menos el 20% del precio de compra, los prestamistas hipotecarios están dispuestos a financiar su inversión de alquiler.

Sin embargo, una desventaja de invertir en viviendas unifamiliares es que usted debe estar preparado para cumplir con todas las responsabilidades del arrendador. Aunque puede decidir contratar una empresa de administración de propiedades, eso no es lo mejor que puede hacer.

Viviendas Multifamiliares

Una casa multifamiliar es una propiedad residencial que contiene un mínimo de dos unidades de vivienda. Lo que hace que estos tipos de propiedades de alquiler sean interesantes para la inversión es el flujo de efectivo masivo que generan. Sin embargo, el proceso de financiación de estas viviendas es más complicado que las viviendas unifamiliares. No solo son costosas, sino que tampoco es fácil calificar para un préstamo inmobiliario residencial. Por último, la casa multifamiliar debe tener cuatro unidades o menos.

Townhouses o casas adosadas

Estas son muy comunes en las zonas urbanas. Las casas adosadas se definen por su área pequeña de metros cuadrados por piso en varios pisos. En general, las casas adosadas son más baratas en comparación con las viviendas unifamiliares porque la demanda de estas últimas es mayor.

Lo más importante

Cuando se trata de invertir en propiedades de alquiler, es difícil elegir cuál de los diferentes tipos de propiedades inmobiliarias es el mejor. Todo depende de los precios de las casas en su área determinada, su disposición para convertirse en propietario y sus objetivos de financiación.

Tipos de propiedades para alquileres a corto plazo

¿Cómo puede un novato en inversiones inmobiliarias elegir los mejores tipos de propiedades para convertirlas en propiedades de alquiler, especialmente cuando tiene una estrategia de inversión de alquiler a corto plazo?

En esta sección, analizamos algunas de las propiedades de alquiler más populares que usted puede utilizar para alquileres a corto plazo y obtener buenos ingresos.

Los tipos de propiedades difieren entre sí en términos de temporada, ubicación, rendimiento general del año, mantenimiento y costos de funcionamiento. El objetivo es darle una mejor idea de lo que debe esperar, tomando en cuenta los diferentes tipos de propiedades para elegir.

Existe una amplia variedad de propiedades de alquiler que se utilizan como alquileres a corto plazo en inversiones inmobiliarias; sin embargo, los inversionistas experimentados en propiedades de alquiler saben que todos los tipos de propiedades no son iguales. Para cada propiedad de alquiler, hay un método diferente de administración para cumplir el objetivo como un activo generador de ingresos.

Entre todos los diferentes tipos de propiedades de alquiler que se pueden utilizar para alquiler a corto plazo, estos son los más populares en el mercado inmobiliario actual. Tienen ventajas, desventajas y cualidades que los hacen únicos y los diferencian de otras formas de propiedades de alquiler:

Alquileres en temporadas de vacaciones

Los inmuebles para alquileres de vacaciones son el tipo más común de propiedades que compran los inversores de propiedades de alquiler. Esto se debe a que los alquileres tienen un rendimiento directo y casi garantizan ganancias durante épocas específicas del año.

Invertir en propiedades para alquiler vacacional tiene diferentes ventajas, pero la ventaja más evidente y la razón por la que son tan populares entre los millennials, es la dualidad de su desempeño.

Si bien los inversionistas experimentados y antiguos pueden preferir invertir en propiedades que generarán los mayores rendimientos, a los millennials les gustan las propiedades de las que pueden obtener ganancias y que les permitirán ahorrar dinero y usarlo para otros fines.

Los alquileres de vacaciones pueden permitirle ahorrar dinero al actuar como alojamiento para el propietario en caso de que decida viajar a un lugar para disfrutar con su familia. Esto proporciona a los propietarios de los inmuebles para alquileres vacacionales un medio para obtener ingresos adicionales y una casa secundaria que pueden usar cuando lo deseen.

Además, los inmuebles para alquileres de vacaciones se encuentran en lugares que tienen el mayor número de viajeros y turistas, especialmente durante el verano. Si usted está buscando comprar un inmueble para alquiler vacacional y se convierte en un alquiler a corto plazo, debe asegurarse de elegir un lugar al que desee ir de vacaciones.

La principal desventaja que tienen los alquileres vacacionales es su estacionalidad. Esto implica que a pesar de que los alquileres vacacionales pueden funcionar bien durante la temporada alta, el rendimiento disminuirá en los otros meses del año y es posible que tenga dificultades para obtener ganancias cuando ingrese en las temporadas bajas.

Esto también significa que, si usted decide vivir en la propiedad durante la temporada alta, reducirá significativamente la cantidad de dinero que puede ganar de la propiedad, así que asegúrese de hacer los arreglos con sus finanzas de la mejor manera posible.

Casas de lujo

Las casas de lujo no son el tipo más popular de alquileres a corto plazo, especialmente para inversionistas principiantes. La razón de esto es que las casas de lujo generalmente requerirán una fortuna como inversión. Estas casas no solo son costosas de comprar, sino que también sus costos de mantenimiento y administración son muy altos.

Sin embargo, si usted es una persona creativa, tiene confianza en sus habilidades de publicidad y marketing y tiene suficiente dinero para comprar la propiedad, entonces las casas de lujo pueden ser bastante rentables.

En general, no debe esperar alquilar su casa de lujo regularmente durante el año. Sin embargo, cuando finalmente la alquila, recibirá mucho dinero. Recuerde que las personas que desean alquilar una casa de lujo son aquellas con muchísimo dinero, y están listas para pagar más si les brinda una estadía premium y una experiencia agradable.

Como resultado, las personas que poseen casas de lujo a menudo buscarán una compañía de administración de propiedades de primer nivel que ofrezca una experiencia excepcional durante el período de estadía del inquilino, que intente convertir a cada inquilino en un cliente potencial y haga que sugieran su propiedad a sus amigos. Este es el punto donde el éxito de las casas de lujo puede comenzar o fracasar.

Sin embargo, solo tenga en cuenta que las casas de lujo son una gran apuesta, y perder dinero en su inversión puede no darle otra oportunidad de invertir en otra propiedad en el futuro.

Gateway Homes

Estas propiedades están ubicadas en zonas remotas o en áreas alejadas de las ciudades. Las casas de este tipo son comúnmente utilizadas por personas que quieren separarse de la vida ocupada de la ciudad y disfrutar de momentos tranquilos y relajantes en la naturaleza.

Aunque esto puede ser algo a lo que usted no se dirige, muchas personas están buscando este tipo de propiedad de alquiler.

Hay varios factores que usted debe recordar antes de invertir en gateway homes para alquileres a corto plazo:

- Las casas Gateway son baratas de comprar y de alquilar. Por lo tanto, no debe tener demasiadas expectativas sobre la cantidad de ingresos por alquiler que puede generar de ellos.

- No espere gastar mucho dinero en el mantenimiento y la administración de estas propiedades. Dado que las casas están construidas con materiales de madera y son de tamaño pequeño, cualquier forma de reparación o mantenimiento que se requiera será mínima.

- Los inquilinos que desean mudarse a gateway home generalmente la alquilarán durante algunos meses, que es más largo que el período para otros alquileres a corto plazo. En otras palabras, las gateway homes son alquileres a medio plazo.

- En general, usted no debería experimentar ningún problema legal al alquilar las casas gateway porque la mayoría de los problemas legales con alquileres a corto plazo ocurren con hoteles y otras formas de alojamiento.

- Ejemplos de este tipo de casas incluyen bungalows, cabañas y chalets.

Las viviendas Gateway son propiedades de alquiler especiales en las que puede optar por invertir, y la mayoría de los inversores inmobiliarios las recomiendan a los inversionistas principiantes porque son inversiones baratas con bajos niveles de riesgo.

Hay muchos tipos diferentes de propiedades de alquiler disponibles para invertir, y, por ende, los novatos a veces pueden tener dificultades para identificar el que se ajuste a su personalidad y objetivos de inversión.

¿Cómo elegir su primera propiedad de alquiler?

Alquilar una propiedad inmobiliaria se considera uno de los mejores métodos para construir riqueza personal. Según los inversionistas inmobiliarios que poseen docenas de propiedades de alquiler, uno puede obtener una ganancia anual masiva al mismo tiempo que genera riqueza en el patrimonio de sus propiedades. Para que uno logre este nivel de éxito, es importante dar el primer paso y comprar su primera propiedad de alquiler. En la mayoría de los casos, la primera propiedad en las carteras de alquiler es la más importante porque su fracaso o éxito generalmente definirá si un inversionista se compromete o no tanto con los bienes raíces. A continuación, se muestran algunos consejos para ayudarlo a elegir su primera propiedad de alquiler y asegurarse de que sea un éxito:

1. Fije sus parámetros

Lo primero que se debe tomar en cuenta al elegir una propiedad de alquiler es identificar varias características básicas de lo que está buscando. Determine, por ejemplo, la ubicación en la que desea que esté la propiedad de alquiler. Las ciudades y vecindarios alrededor de las universidades o cerca de los centros de negocios proporcionarán ingresos decentes altos por el alquiler. Además de eso, debe decidir el tipo de propiedad que desea comprar. En la sección anterior, analizamos los diferentes tipos de propiedades de alquiler que los inversionistas pueden comprar. La mayoría de los inversionistas prefieren casas unifamiliares; sin embargo, algunos pueden estar interesados en la idea de una propiedad dúplex que pueda generar múltiples ingresos por alquiler. Estos tipos de propiedades también tienen la ventaja de generar ingresos, incluso si un solo inquilino se muda.

La cantidad de dinero en su cuenta bancaria es otro factor vital a considerar. La mayoría de los inversionistas principiantes tienden a creer que cuanto más dinero gasten, más ganancias obtendrán. Aunque esto puede ser cierto en ciertos niveles, también es posible obtener buenas ganancias de una propiedad de menor costo, especialmente cuando se encuentra en el lugar correcto y atrae a los inquilinos adecuados. Decida la cantidad de dinero que está dispuesto a gastar o pedir prestado para invertir e intente mantener esa cifra mientras busca propiedades.

2. Haga una lista de las mejores propiedades

Una vez que usted haya tomado una decisión sobre lo que está buscando en una propiedad, es hora de buscar en su área local las viviendas que se ajusten a sus criterios. Busque en las áreas del vecindario que cree que es bueno tener propiedades de alquiler para viviendas que están cerca de su rango de precios. Asegúrese de tener en cuenta el tamaño, la condición y la antigüedad de la propiedad. También tenga en cuenta cualquier otro factor que pueda afectar la cantidad que cobraría por el alquiler. Los listados en línea pueden ser útiles en esta etapa porque enumerarán los metros cuadrados, baños, dormitorios e información de utilidad pertinente. Además de esto, también mostrarán imágenes interiores de la casa, que puede usar para evaluar el estado general de la misma.

Aunque el número de propiedades que verá variará según la disponibilidad en el mercado y los criterios que seleccione, debe buscar un mínimo de diez propiedades que valgan la pena investigar más. Incluso si usted siente que tiene suerte pues ha encontrado la propiedad perfecta en su primer o segundo intento, siga buscando. Mientras más larga sea la lista de opciones, usted tendrá más posibilidades de adquirir una propiedad que cumpla con sus criterios.

Aquí tiene un ejemplo de los criterios que puede tomar en cuenta para adquirir una propiedad:

- Al menos tres habitaciones
- Un mínimo de 1 baño y medio
- Al menos 84 metros cuadrados
- El año mínimo de construcción: 1991
- El alquiler mensual mínimo: $ 900 / mes
- El presupuesto de renovación no debe ser superior al costo de la vivienda.
- Garaje para un auto
- El precio objetivo de compra: de $ 45.000 a $ 105.000

Limite la lista

A continuación, debe organizar la pantalla de cada una de las casas para poder ver con precisión el interior. Este paso por sí solo limitará naturalmente su lista porque hay algunas propiedades que decidirá que no se ajustan a sus estándares. Para las propiedades restantes, debe realizar una investigación más profunda. Busque listados de alquiler de propiedades similares en el vecindario cercano para identificar el estándar de alquiler. Comience a comparar los posibles ingresos de alquiler de cada propiedad con su precio, y pronto se quedará con solo dos o tres propiedades que ofrecen el mayor retorno posible de la inversión.

Busque opciones de financiamiento

Ahora que usted ha hecho la parte más difícil al elegir un puñado de excelentes propiedades, es hora de determinar su poder de financiación. En la mayoría de los casos, esto no diferirá demasiado de una propiedad a otra porque la mayoría de las inversiones exigen que solicite una hipoteca. Sin embargo, si usted tiene suerte, encontrará una propiedad en la que el propietario actual podrá financiarlo a una tasa más asequible que la que ofrecería un banco. Si esto sucede con una de las propiedades en su lista, podría inclinar la balanza a favor de esa propiedad.

Tome acción

Hasta ahora, cada paso que hemos analizado para ayudarlo a elegir su primera propiedad de alquiler es gratuito. Muchas personas que comienzan con la inversión en propiedades de alquiler llegan a este punto y se detienen. Si usted desea obtener éxito en la inversión para alquiler, tendrá que comprar una propiedad en algún momento. Elija la propiedad que crea que es la mejor inversión y comience el proceso comprándola. Si cree que puede haber perdido otras oportunidades o simplemente no ve que las propiedades que le quedan son tan atractivas como esperaba, comience a buscar otras opciones. Sin embargo, asegúrese de proceder con la intención de comprar una propiedad lo antes posible.

El proceso de comenzar la inversión en propiedades para alquiler con la finalidad de convertirse en un inversionista exitoso es largo. Si usted puede aplicar un elaborado proceso de selección en su primera propiedad, invertirá sabiamente y tendrá éxito. Asegúrese de elegir siempre las mejores propiedades disponibles y es más probable que tenga éxito como inversionista.

Encontrar propiedades de inversión a la venta en las redes personales de inversores o networking

La inversión en propiedades para alquiler implica hacer negocios con personas. Las relaciones que construye un inversor inmobiliario a lo largo de su carrera son críticas. Es posible que una persona que usted conoce bien sepa mucho o lo pueda conectar con alguien que conozca sobre el tema. La creación de redes o networking se considera la mejor manera de identificar propiedades para alquiler en venta que algunas personas conocen. Además, de esta manera, un inversionista puede comprar la propiedad a un precio más bajo.

Una encuesta realizada por 12.000 profesionales de negocios en el grupo Business Networking International aclaró por qué las redes son esenciales. A partir de esta encuesta, el estudio reveló que las personas que dedicaron un promedio de 6,3 horas de trabajo de networking por semana aumentaron su éxito en los negocios.

Sin embargo, las personas que dedicaron menos de dos horas por semana al networking no obtuvieron muchos beneficios. Este estudio demostró que cuanto más tiempo dedica una persona al networking, aumentará sus probabilidades de éxito.

Una de las cosas más emocionantes que surgieron de esta encuesta es que de los 12.000 participantes, los hombres pasaron más tiempo en redes que las mujeres, pero generaron un porcentaje menor de referencias de negocios que las mujeres. ¿Significa que las mujeres son mejores networkers?

Bueno, tal vez, y parece que hay una buena razón para esto.

A los hombres les gusta ser más formales y orientados a las transacciones cuando trabajan en red. Se conoce como "redes de corte directo", y no es tan eficaz como el tipo de redes que hacen las mujeres.

Si bien no es cierto en todos los casos, la mayoría de las veces a los hombres les encanta hablar primero de asuntos comerciales y personales. Por otro lado, las mujeres hacen lo contrario.

En la mayoría de los casos, cuando los hombres intentan centrarse en el primer enfoque de las relaciones, el enfoque parece forzado. Luego, debido a esa sensación incómoda, comienzan a hablar de negocios porque es algo fácil y seguro de lo que hablar.

Este estudio demostró que las mujeres tienden a ser mejores con charlas sencillas y personales sin parecer demasiado personales o forzadas. Cuando el enfoque es más natural y fácil, a las personas les gusta más y responden de manera amigable. Pero los hombres a menudo se ponen rígidos en esta etapa.

Lo siguiente se enfoca en cómo la "relación primero" es un factor significativo, y no importa si usted es hombre o mujer; todos podemos mejorar en eso.

Los participantes en el estudio que atribuyeron su éxito a través de la creación de redes sintieron que la mejor manera es construir una relación primero y luego concentrarse en el negocio.

Cuanto más se concentre en conocer a la otra persona y comprenderla emocionalmente, sin faltarle el respeto, mejores serán las posibilidades de establecer contactos.

La creación de redes o networking es la mejor manera de identificar propiedades de inversión adecuadas para la venta que no son conocidas por todos los inversionistas inmobiliarios. Algunos grupos de usuarios que puede conectar en red incluyen:

- **Network de inversionistas personales:** puede estar compuesto por propietarios que haya conocido que tengan propiedades de inversión o incluso un viejo amigo que trabaje como inversionista de propiedades para alquiler.

- **Clubes de inversión:** estos clubes son excelentes lugares para encontrar propiedades de alquiler. Por lo general, usted verá una lista de correo electrónico donde cada miembro del club promociona propiedades en venta. Si usted aún no se ha unido, debe hacerlo rápido.

- **Reuniones de inversionistas inmobiliarios:** estos son los grupos más accesibles para que una persona se una. Por ejemplo, Meetup.com es un excelente lugar para encontrar redes para inversionistas. Simplemente busque "inversión inmobiliaria", y aparecerán varios grupos. Asista a diferentes reuniones, obtenga los contactos relevantes y comience a hacer crecer su red.

- **Conocidos personales:** las personas que usted frecuenta en la industria de inversión de alquiler no son las únicas personas que pueden ayudarlo a encontrar ofertas de propiedades de inversión para alquiler. Incluso los amigos de la familia pueden ayudarlo a encontrar posibles propiedades de inversión a la venta. Estas personas pueden tener en sus redes conocidos que están pendientes de las grandes oportunidades de inversión de propiedades para alquiler.

¿Cómo convertirse en un mejor networker?

En la mayoría de los casos, puede resultarle difícil crear una relación mientras se encuentra en estos "eventos de networking". Al asistir a las reuniones de Business Networking International, las reuniones de las Cámaras de Comercio y los eventos del Rotary Club, usted aumenta sus posibilidades de conocer gente.

Sin embargo, la relación real se lleva a cabo cuando usted va más allá de la tarjeta y se acerca a la persona para invitarla a tomar un café, un desayuno o un almuerzo. De esta manera, su relación tiene la mejor oportunidad de pasar al siguiente nivel.

La confianza y la buena voluntad que se desarrolla al conocerlos a nivel individual es el "capital social" que mejora un tipo de relación comercial mutuamente gratificante.

Ahora, si usted cree que el networking no ha desempeñado un papel en el éxito de su negocio, es probable que esté haciendo mal una o ambas de las siguientes cosas:

- *Usted no le ha dedicado suficiente tiempo:* en general, más de seis horas por semana es un buen punto de partida.

- *No lo está haciendo correctamente:* eso significa que posiblemente va por el "negocio primero" en lugar de la "relación primero".

Asegúrese de que cada hora que pase sea una hora bien invertida, ya sea para conocer nuevos inversores inmobiliarios para una empresa conjunta, individuos de marketing en Internet, corredores de bienes raíces, inspectores de viviendas o prestamistas privados.

El networking debe ser parte de su estrategia de marketing

Tenga en cuenta que el networking es la forma en que hace crecer su negocio de inversión inmobiliaria, y todo comienza con la construcción de este tipo de relaciones a través del networking.

No lo considere una tarea que debe hacer. Solo piense en las redes como parte de su estrategia de marketing. Cuanto más tiempo le dedique, mejor será. Concéntrese en relacionarse en lugar de orientarse a los negocios.

A veces, los mejores contactos que conoce son aquellos con los que no habla sobre negocios hasta el final de la conversación cuando escucha, "Ah, por cierto, ¿qué es lo que haces?" Si usted ha llegado a esta etapa, donde tiene una relación fuerte y personal antes de hablar de negocios, entonces quizás esté en el camino correcto. Lo más probable es que surja una buena relación personal de la conversación, así como una relación comercial mutuamente útil.

Por lo tanto, dé el siguiente paso y busque oportunidades de trabajo en el networking de su área, como información de redes de la Cámara de Comercio, meetup.com, grupos BNI o reuniones locales de REIA. No necesita unirse a todas estas redes; inscríbase en unos pocos para empezar. Reserve un cierto porcentaje de su tiempo para asistir físicamente a estos eventos cada semana. Luego, una vez que llegue allí, concéntrese en ser personal y relacionarse, no con una mentalidad empresarial. Conozca a la mayoría de las personas; entonces luego puede hablar de negocios. Todos en estos grupos están allí por la misma razón, por lo que la conversación de negocios generalmente es natural. Es por eso que nunca debe forzarlo, sino permitir que se desarrolle solo.

Una vez que haya hecho esto, comenzará a ver algunas diferencias en su negocio de inversión inmobiliaria. Comenzará a crecer y no tuvo que pagarle a una empresa de marketing $ 50.000 para que lo haga por usted.

Dicho esto, es bueno dar a conocer sus intenciones a los miembros de su círculo íntimo. Deben saber que está buscando una propiedad para comprar. De esta manera, aumenta sus posibilidades de encontrar las mejores ofertas. Además, es posible que un compañero de trabajo este al tanto de alguien que quiera vender.

Encontrar propiedades de inversión a la venta Online

Desde la llegada de la tecnología, encontrar una propiedad inmobiliaria se ha vuelto más fácil. Varios sitios web en línea están diseñados para facilitar la identificación de propiedades en venta para inversores que desean alquilar. Estos sitios tienen diferentes recursos, como información del vecindario y registros sobre la propiedad.

Los sitios web más populares diseñados para ayudarlo a realizar una búsqueda de propiedades son Realtor.com y Craigslist:

- **Craigslist.org:** más de un millón de personas usan Craigslist para diferentes tareas y actividades, y buscar una propiedad en esta plataforma es sencillo. Primero, debe ir a la región del país que desea, y luego navegar en la sección "Propiedades inmobiliarias en venta" para averiguar si hay algún tipo de propiedad que le guste. Además, usted puede establecer sus criterios de búsqueda ingresando las palabras de búsqueda en el cuadro de búsqueda.

- **Realtor.com:** este sitio pertenece al sitio oficial de la Asociación Nacional de Agentes Inmobiliarios. Este sitio le otorga la capacidad de escanear a través de millones de propiedades de diferentes países. Si usted desea, puede navegar en búsqueda de las propiedades de ejecuciones hipotecarias. Una excelente característica de Realtor.com es que tiene una dirección de calle que se puede usar para limitar su búsqueda. Una vez más, puede registrarse para la opción "Asistente de búsqueda" para que pueda recibir una lista actualizada de las propiedades de alquiler. Los agentes inmobiliarios pueden ser muy útiles al buscar propiedades de inversión en venta de diferentes maneras:

    - Los inversores inmobiliarios pueden contratar agentes inmobiliarios para obtener listados de propiedades que han visto en línea.
    - Los inversores inmobiliarios pueden hablar con las oficinas inmobiliarias, especialmente las inmobiliarias, que se

encuentran en ciudades específicas para conocer las posibles propiedades de inversión en venta.

▪ En ciertas oficinas, los agentes inmobiliarios no comercializarán algunos listados de propiedades en los Servicios de Listado Múltiple (MLS por sus siglas en inglés). En cambio, enviarán estos listados de propiedades a sus contactos. Por lo tanto, un inversionista inmobiliario debe estar en la base de datos del agente inmobiliario para mantenerse actualizado con las últimas noticias sobre propiedades de inversión.

Encontrar propiedades de inversión a la venta en medios impresos

Otro método eficiente utilizado para identificar propiedades de inversión son los medios impresos. Varias propiedades de inversión no se anuncian en línea. Esto significa que hay poca competencia para ellos, lo cual es bueno para un inversionista inmobiliario.

- *Periódicos:* Los periódicos pueden ser un medio excelente para usted si está buscando propiedades que sean vendidas por sus propios dueños.

- *Publicaciones locales:* Las propiedades o inmuebles pueden ser encontrados en estos medios pues a las oficinas de bienes raíces les gusta promocionar sus listados de propiedades en tales publicaciones.

Encontrar propiedades a la venta para invertir a través de subastas

Últimamente, las subastas de bienes raíces se han vuelto populares, especialmente para los inversionistas de propiedades para alquiler que buscan una ganga. Los inversionistas inmobiliarios experimentados a menudo encuentran propiedades en venta utilizando este método, y tengan en cuenta que la tecnología ha hecho que todo sea más fácil y agradable para los nuevos inversionistas.

Aunque usted puede obtener diferentes tipos de propiedades de inversión para alquiler en una subasta, la mayoría son ejecuciones hipotecarias. Las subastas comprenden dos categorías: en línea y en vivo. El método en línea se está volviendo cada vez más popular a medida que los inversionistas inmobiliarios se sienten seguros al realizar compras en línea. Un inversionista inmobiliario puede buscar propiedades en venta en sitios web de subastas como Auction.com.

Encontrar propiedades a la venta a través de MLS

El Servicio de Listado Múltiple (MLS por sus siglas en inglés) es utilizado principalmente por un grupo específico de inversionistas de propiedades para alquiler. La función principal es permitir que el inversor acceda a información precisa y organizada sobre propiedades de inversión.

Durante bastante tiempo, esta ha sido la fuente de las transacciones de propiedades de inversión para alquiler. La razón es que tiene una exposición importante para los corredores vendedores y ofrece muchas opciones diferentes a los corredores compradores.

Además de esto, el listado de la base de datos de MLS es uno de los más precisos en Internet. Dado que es libre de acceder a la información en su base de datos, existe una gran competencia, si elige usarla.

Independientemente de la elección que haga, recuerde siempre que el proceso de compra de una propiedad de inversión puede ser un desafío. A pesar de esto, es aconsejable conocer las diferentes fuentes en las que puede encontrar propiedades de inversión inmobiliaria. ¿Por qué? Porque la próxima negociación o acuerdo puede surgir de cualquier lugar.

Factores a los que debe prestar atención al comprar una propiedad de inversión para alquiler

Si bien es posible generar ingresos a partir de la inversión inmobiliaria, es mucho más que comprar la primera casa. Tenga en cuenta que los programas de televisión sobre la inversión en propiedades de alquiler pintan una realidad que está lejos de lo que sucede en la vida real. Si usted está considerando comprar una propiedad de inversión de alquiler, asegúrese de tener en cuenta estos factores:

1. El estado de la casa

No hay ningún problema con la elección de comprar una casa que necesita reparaciones, pero usted debe ser realista sobre el dinero y el tiempo que dedicará para que se vea hermosa.

Una vez que reciba un informe de inspección detallado de un profesional certificado, debe preguntarse la cantidad de reparaciones que puede hacer usted mismo y contar la cantidad de reparaciones que pueden requerir contratistas externos. Busque presupuestos para cualquier gran tarea que necesite realizar.

Deberá confirmar que los problemas críticos estén solucionados antes de que alguien entre, teniendo en cuenta que nadie querrá vivir en una casa insegura. Además, puede tener graves consecuencias si los inquilinos enferman o se lastiman.

Determine el tiempo que pueden tardar las reparaciones. Por ejemplo, si la casa necesita permanecer vacante durante algunos meses, puede que esta no sea la propiedad correcta que elegir.

2. Siga la regla del 1%

Los inversionistas tienen sus principios que les guían sobre cómo utilizar los beneficios, pero muchos de ellos le dirán que el beneficio que usted obtiene tiene que respetar la regla del 1%.

Por ejemplo, cuando usted compra una casa por 100.000 dólares, tendría que generar 1.000 dólares cada mes. Se llega a esta cantidad haciendo un simple cálculo:

Tome la renta mensual estimada y divídala por el precio de la casa. ($1.000/$100.000=1%).

Solo se recomienda comprar una casa que no cumpla con la regla del 1% si la propiedad está ubicada en un vecindario que está cambiando rápidamente el valor de los alquileres y donde se espera que las casas aumenten en el corto plazo.

3. Costo de seguros

Si usted no tiene cuidado, el seguro puede consumir todas sus ganancias, y es por eso que necesita hacer una investigación exhaustiva. Primero, debe elegir el tipo de cobertura para su propiedad de inversión. Decida si le gustaría pagar un poco cada mes, pero recibir una gran parte cuando haga un reclamo, y si va a cubrir a sus inquilinos o no.

Luego, decida si el área en la que está interesado tiene primas de seguro altas como resultado de su vulnerabilidad a los tornados, terremotos, inundaciones y otros desastres naturales. Si es así, es posible que la casa no valga la pena.

Cuando usted crea que está listo, compare las diferentes tarifas.

4. Impuestos sobre la propiedad

Si usted planea comprar una propiedad de inversión, entonces siempre debe considerar los impuestos sobre la propiedad. Si tiene un impuesto alto, se dará cuenta de que los impuestos consumirán la mayor parte de sus ganancias. Sin embargo, si tiene que pagar impuestos bajos, por lo menos usted obtendrá una cantidad significativa de las ganancias que genere.

Una cosa que siempre debe recordar es que los impuestos sobre la propiedad son más altos en las regiones metropolitanas y más bajos en los lugares rurales. Los cargos diferirán dependiendo del área; por eso debe solicitar a un profesional de impuestos locales que le ayude a entender la tasa de impuestos.

5. Vecindario

Así como la condición de la casa es esencial, la ubicación también tiene la misma importancia. Hay que elegir un área con sabiduría y asegurarse de que es un área que el inquilino disfrutará.

Lo más importante es la seguridad. Asegúrese de que el índice de criminalidad no sea demasiado alto. El atractivo del barrio es otro factor importante porque muchos inquilinos quieren vivir en una calle que tenga casas bien pintadas.

Si usted está considerando alquilar su propiedad a una familia, es posible que tenga que buscar lugares que estén cerca de un distrito escolar. Los padres estarán más dispuestos a alquilar propiedades que estén cerca de escuelas secundarias y universidades. La compra de una casa cerca de una universidad es una gran manera de pertenecer a un mercado de alquiler fuerte.

6. Costos inesperados

Aunque el objetivo principal de la compra de una propiedad de inversión es generar ingresos, usted debe estar preparado para gastos inesperados. Como resultado, usted necesita tener una cifra aproximada del costo de reemplazo de todas las partes principales de la casa; esto debe incluir el sistema de climatización HVAC, el techo y otros elementos. Reserve una cantidad razonable de dinero en efectivo como medida de contingencia. Siempre tenga este dinero disponible, ya sea en una cuenta de ahorros o a través de una tarjeta de crédito. Nunca se sabe cuándo puede ocurrir una emergencia.

7. Administración de la propiedad

No es fácil ser propietario, por lo que usted debe preguntarse si está dispuesto a levantarse tan temprano como a las tres de la mañana para ir a atender una emergencia en su propiedad.

La mayoría de los inversionistas, prefieren dejar que una compañía de administración de propiedades se encargue de todo. La mayoría de estas compañías reciben un pago del 10% de la renta mensual.

Algunos propietarios no tienen problemas con la cuota de administración porque la encuentran razonable; otros deciden ahorrar el dinero y arreglar los problemas por sí mismos. Esta decisión es suya, pero debe tener cuidado, ya que el resultado puede ser crítico.

Capítulo 3: ¿Cómo administrar su propiedad de alquiler?

¿Cómo agregar valor a su propiedad de alquiler?

Como inversionista de propiedades para alquiler, usted debe reducir los costos para que pueda hacer dinero sustancial de sus propiedades. Sin embargo, limitar sus gastos hasta el punto de que sus alquileres no sean propicios para que los inquilinos se queden en ellos no es algo bueno.

Típicamente, el objetivo de la inversión de alquiler es agregar valor. Usted debe tratar de que el valor de su propiedad se duplique desde el momento en que la compró. Hay diferentes métodos que añadirán valor, así como renovaciones costosas y avanzadas que se pueden hacer:

1. Cambie la apariencia del frente de su propiedad

Se dice que la gente crea una percepción de otra persona en siete segundos. Esto significa que no es necesario dedicar mucho tiempo a desarrollar una primera impresión. Lo mismo se aplica cuando se evalúan los alquileres. Por esa razón, es importante hacer mejoras simples, como cortar el césped, reemplazar el buzón, pintar la puerta de entrada y recortar los arbustos largos de los setos. Al hacer estos cambios en su propiedad de alquiler, usted aumenta las posibilidades de que un inquilino se mude a ella, y esto hará aumentar sus ingresos.

2. Confirme que el inmueble está bien iluminado y huele bien para mostrarlo

Es de sentido común limpiar un inmueble antes de mostrarlo. Sin embargo, una vez más, usted necesita asegurarse de que las luces estén encendidas y las persianas abiertas, para garantizar que la unidad esté bien iluminada cuando un posible inquilino venga a verla. Recuerde que los cuartos oscuros son menos acogedores.

También eche ambientador para hacer que las habitaciones huelan bien. El sentido del olfato está altamente asociado con la memoria;

esto significa que, si la propiedad huele bien, permanecerá en la memoria del inquilino.

3. No se centre solo en mostrar la propiedad sino en venderla también

Si usted piensa que solo va a abrir la puerta y el candidato se interesará en su propiedad, entonces lo está haciendo mal. Hay tres estrategias que usted puede usar para hacer que el posible inquilino alquile su propiedad:

- Construir una relación
- Aplicar anclaje
- Emplee reciprocidad

Si usted va a mostrar su propiedad, debería usar al menos las dos primeras estrategias. Para construir una relación es necesario que usted sea amigable e interactúe con sus candidatos libremente. Muestre un interés genuino en su potencial inquilino. Hágales preguntas y disfrute de algunos momentos con ellos. A medida que vende su propiedad, asegúrese de no sobrevenderla. La gente siempre quiere alquilar una propiedad de gente que le gusta.

Cuando se trata de anclar, la gente prefiere un valor específico para una cantidad desconocida antes de poder aproximarse a la cantidad. Esto significa que, si usted le va a decir a su inquilino que la casa es de 120 metros cuadrados, usted habría anclado en su mente que la casa es de aproximadamente 120 metros cuadrados. Por lo tanto, si les pide que digan lo que creen que mide la casa, tal vez mencionen el valor en el rango entre 102 y 130 metros cuadrados. Por otro lado, si usted dice que la casa tiene alrededor de 84 metros cuadrados, entonces se formarán la idea de que la casa es demasiado pequeña. En otras palabras, su respuesta variará dependiendo de lo que usted ancle.

Sin embargo, hay veces en que las anclas pueden ser cualitativas. Así que usted puede decidir decir cosas como, "me encanta esta casa" o "la cocina de esta casa es hermosa" antes de entrar con su candidato. Por último, en algunas situaciones, especialmente en los mercados calientes, puede utilizar la regla de la reciprocidad. Según esta regla, la gente siempre se sentirá obligada a devolver invitaciones, regalos y favores. Psicológicamente, esto funcionará cuando la gente quiera alquilarle si hace algo bueno por ellos.

Esto puede hacer que usted se muestre manipulador, pero no espere persuadir a alguien para que alquile su propiedad si usted le ofrece cinco dólares. Si tiene una propiedad fantástica, la regla de reciprocidad pondrá la suya a un lado de sus competidores. Este tipo de descuento en su campaña publicitaria puede generar aún más tráfico hacia sus propiedades.

4. No empiece con un precio bajo

El principio básico de los alquileres de apartamentos es que, si el índice de ocupación es escaso, no se puede aumentar el alquiler. Sin embargo, en el caso de las casas, es diferente porque es difícil saber para qué se debe alquilar un lugar, aunque puede hacerse una idea en RentRange, Zillow y Craigslist.

Un buen consejo es considerar el alquiler de una casa desde el punto de vista de que puede reparar una propiedad que tiene un precio alto, pero es difícil arreglar una que tiene un precio demasiado bajo. ¿Por qué? Si usted bajó el alquiler de una propiedad, entonces usted tendrá que seguir con esa cifra. Sin embargo, cuando usted fija el precio demasiado alto, entonces fácilmente se dará cuenta de que es demasiado caro porque nadie quiere alquilarlo. De ese modo, podrá hacer rápidamente algunos cambios reduciendo el precio. Por lo tanto, debe comenzar por arriba si cree que puede conseguir futuros inquilinos.

Cada día que pasa con una unidad todavía en el mercado significa que usted está perdiendo el alquiler. Y cuando la propiedad pasa mucho tiempo vacía, o es en la temporada de invierno, y menos gente está buscando un alquiler, usted necesita ser más agresivo. Pero en la mayoría de los casos, se aconseja comenzar con un rango más alto.

5. Añada una lavadora y una secadora

Los electrodomésticos son una pequeña inversión, por lo que podría parecer que no vale la pena el dinero para comprar una lavadora y una secadora nueva para su propiedad de alquiler. Pero conseguir una de Craigslist, o de un proveedor diferente puede reducir el costo. Lo más importante es que los inquilinos estén interesados en un nivel específico de conveniencia en el espacio de la vivienda, y que estén dispuestos a pagar un buen dinero para conseguirlo. Usted puede aumentar el precio de la renta en $80 por mes con solo agregar una lavadora y una secadora. Si aplica el mismo enfoque, puede pagar su inversión, incluso si es una máquina nueva, en solo un año. Después de esto, usted estará ganando el dinero extra.

6. Cambie el exterior

Si toda la atención se concentra en el interior de la casa, pero sin ningún atractivo exterior, los posibles compradores no querrán alquilar o incluso entrar para ver el trabajo que usted ha hecho. No es necesario pagar mucho dinero por repintar una casa para hacerla atractiva. Incluso algo simple como el lavado a presión de la entrada, el exterior de la propiedad, la acera y otras áreas de aspecto sucio puede cambiar la mente de sus futuros inquilinos.

Considere la posibilidad de rediseñar la puerta principal si desea un proyecto rápido para aumentar el atractivo exterior. Si tiene una puerta robusta, haga arreglos para repintarla y añadir algunos detalles, como una placa de protección. Si reemplaza la puerta vieja, mejorará el valor de la propiedad mientras cambia el atractivo exterior.

7. Elimine el piso alfombrado

A los futuros inquilinos les disgustan las alfombras, lo que puede ser una desventaja para su alquiler. Además, este tipo de piso dificulta la eliminación de manchas y olores; en otras palabras, es posible que tenga que contratar a una empresa profesional para que lo limpie por usted.

Para evitar esta tensión financiera a largo plazo, invierta en un piso universal. Puede ser de un color más claro que no revele rayones y mellas fácilmente. Puede costar miles de dólares en opciones de alta calidad; sin embargo, también hay opciones rentables, como el bambú, que tienen la misma apariencia y durabilidad.

Opciones básicas de arrendamiento con opción a compra

A finales de los años setenta y ochenta, las opciones de arrendamiento con opción a compra se convirtieron en un instrumento de financiación común. Se utilizaron como un medio para superar las cláusulas de alienación incluidas en la hipoteca. Sin embargo, también tienen otras ventajas. Los proponentes sugirieron que no se trataba de una venta, ya que no era un arrendamiento, pero el argumento de los tribunales ha sido diferente.

Hay tres tipos diferentes de opciones de arrendamiento y acuerdos de arrendamiento con opción de compra. Los documentos son similares, pero diferentes en los detalles más excepcionales. La diferencia se debe al aspecto específico del estado y a las diversas leyes de cada estado. Es prudente consultar con un abogado de inversión en propiedades de alquiler antes de llegar a un acuerdo con un vendedor.

Opción

En este caso, se supone que el comprador debe pagar al vendedor la opción en efectivo por el derecho de utilizar la propiedad más tarde cuando suscriba el acuerdo de opción. Esta opción en particular puede ser sustancial, o incluso tan poco como $1.

Tanto el vendedor como el comprador acuerdan el precio de compra durante este tiempo, o el comprador puede aceptar pagar el valor del mercado durante el tiempo en que se lleva a cabo la opción. Aunque esto es negociable, la mayoría de los compradores quieren asegurarse el precio de compra futuro al inicio.

También se discute el plazo del acuerdo de opción, pero el más común es entre uno y tres años.

El dinero de la opción no es reembolsable fácilmente, y nadie quiere comprar la propiedad durante el tiempo de la opción; aunque el comprador puede vender la opción a otra persona.

El comprador no está obligado a comprar la propiedad. Esto significa que, si el comprador no aplica la opción y compra la propiedad hacia el final de la opción, la opción generalmente expirará.

Opción de arrendamiento

Una opción de arrendamiento tiende a funcionar de la misma manera. El comprador potencial pagará al vendedor en efectivo por el derecho para comprar la propiedad más tarde. Una opción de arrendamiento proporciona al comprador potencial más flexibilidad que un arrendamiento con opción a compra, que requiere que el inquilino compre la propiedad al final del período de alquiler.

El dueño de la propiedad puede decidir cobrarle al inquilino una prima por la opción de compra de la propiedad, tal vez en forma de pagos de alquiler más altos. Puede ser un pago único en efectivo que se asemeja a la prima pagada por una opción en los mercados financieros. Esto no es un depósito en la compra de la propiedad por lo que no es reembolsable. La cantidad varía desde de 100 dólares hasta el 5% del precio de compra esperado.

En el acuerdo, el dueño de la propiedad puede elegir aplicar parte de la tarifa de alquiler más alta hacia el precio de compra si el inquilino implementa la opción.

La duración de la opción puede ser cualquier período en el que el dueño de la propiedad y el comprador potencial estén de acuerdo, pero generalmente es de 1 a 3 años. El contrato de opción de arrendamiento también puede definir el precio de compra de la propiedad al comienzo del arrendamiento.

Alquiler con opción a compra

Esta es otra variación del mismo tema con algunos pequeños cambios. El comprador pagará la opción del vendedor en efectivo con la opción de comprar la propiedad más tarde. Entonces tanto el comprador como el vendedor llegan a un acuerdo sobre el precio de compra; normalmente, más alto que el del mercado actual.

Durante el tiempo de la opción, un comprador puede aceptar arrendar al vendedor por un cierto precio. Los términos del arrendamiento con opción de compra pueden ser negociados, pero el más común es de uno a dos años.

El comprador busca financiación del banco y paga al vendedor la cantidad total cuando termina el plazo. El dinero de la opción puede no funcionar para el pago inicial, pero un monto mensual específico del pago de arrendamiento se canaliza al precio de compra. El monto mensual del arrendamiento es mayormente más alto que el valor justo de la renta en el mercado por la misma razón.

Recuerde que el dinero de la opción no es reembolsable. Como resultado, es imposible que alguien más compre la propiedad a menos que el comprador no lo haga. Típicamente, es difícil para el comprador decidir sobre el alquiler con opción a compra sin la aprobación del vendedor.

Generalmente, los compradores tienen la responsabilidad de mantener la propiedad y pagar todos los gastos durante el período de mantenimiento. Puede incluir los impuestos y el seguro, y solo están obligados a comprar la propiedad.

Uso de un contrato de arrendamiento para comprar una propiedad

Un contrato de arrendamiento con opción a compra se refiere al acuerdo entre el propietario y el inquilino que proporciona al inquilino la opción de comprar la propiedad en un momento determinado en el futuro. La naturaleza de esta transacción de bienes raíces puede cambiar porque todos los términos de un contrato de arrendamiento con opción a compra están abiertos a la negociación. Por ejemplo, puede o no comprender el precio establecido. Pero cuando lo hace, el costo puede ser el valor apreciado de la propiedad durante el tiempo de la compra.

Pagos de arrendamiento y compra

En general, el vendedor querrá que el inquilino pague una cantidad no reembolsable por adelantado para "comprar" la opción de compra de la propiedad. Se suele denominar pago de "opción" y puede ser cualquier cifra. Esto "cierra" la opción de compra del inquilino, incluso cuando el propietario decide cambiar de opinión.

Junto con el precio de compra, el término de un contrato de arrendamiento define el monto del pago inicial y el calendario. Las partes pueden entonces llegar a un acuerdo con respecto a una parte del alquiler que se destina para el pago inicial. Eso significaría entonces un aumento de la renta cada mes. Sin embargo, algunos compradores pueden considerarlo como un medio de ahorro forzado para el pago de la inicial.

Beneficios del arrendamiento con opción a compra para los inquilinos

Existen diferentes ventajas cuando una persona decide arrendar una propiedad con la opción de comprarla más tarde. A continuación, se presentan las razones por las que una persona puede decidir alquilar una casa:

- Quieren tener tiempo para solucionar problemas de crédito y que les permita buscar una hipoteca tradicional.

- Quieren tiempo para ahorrar para el pago inicial y actualmente no quieren perder la casa.

- Han invertido significativamente en la propiedad a través de reparaciones y mejoras. Típicamente, el valor de este trabajo puede destinarse al pago inicial y contra el precio de compra

Las ventajas del arrendamiento con opción a compra para los vendedores

El arrendamiento con opción a compra también puede beneficiar a los propietarios de un inmueble para alquiler:

- El plan de pago por adelantado puede aumentar el rendimiento de la inversión, y es el propietario quien se queda con ella, aunque el inquilino no compre la vivienda.

- El propietario puede obtener un precio razonable por la casa con antelación.

- Al proporcionar un arrendamiento con opción de compra, puede atraer a los inquilinos que están interesados en la ocupación a largo plazo.

- Cuando un inquilino planea ser dueño de una casa, puede estar dispuesto a mantenerla en buenas condiciones durante todo el período del contrato de arrendamiento.

El resultado final es que, si usted es dueño de una propiedad que no se está vendiendo y debe reubicarse, o es un inversionista de bienes raíces con diferentes propiedades, la firma de un contrato de arrendamiento con opción a compra puede ser la mejor opción para cerrar una venta y un gran precio para su propiedad. Si no tiene una casa o tiene problemas de crédito, un contrato de arrendamiento con opción de compra puede funcionar para usted también como inquilino.

Independientemente del lado en el que se encuentre usted, el acuerdo de arrendamiento con opción de compra, puede ser un beneficio para ambos. Sin embargo, debido a que todas las características del acuerdo privado están a disposición de cada una de las partes, debe prestar atención a sus intereses y necesidades cuando negocie los términos.

Consejos de marketing para promocionar rápidamente su propiedad de alquiler

Una propiedad de alquiler vacía genera pérdidas, especialmente cuando se tiene una hipoteca y no se han conseguido inquilinos; en unos pocos meses, esto puede resultar en una pérdida financiera importante. Para reducir el tiempo que su propiedad permanece vacía, necesita tener un plan de marketing efectivo. Su objetivo es atraer a inquilinos buenos y a largo plazo. En un mercado con muchas vacantes y una fuerte competencia, es vital que su propiedad se destaque de la mejor manera posible. La promoción de su negocio inmobiliario es una tarea esencial, y no se puede permitir perder tiempo. La inversión en propiedades de alquiler es un "negocio de personas". Esto significa que usted debe estar listo para comunicarse, conectarse y construir una relación con la gente. La mayoría de estas interacciones dependen de la forma en que decida comercializar sus propiedades.

Tal vez usted ha estado siguiendo cada uno de los consejos y los pasos dados por inversores experimentados sobre cómo atraer a los inquilinos, pero por alguna razón, ninguno de sus esfuerzos ha tenido éxito. Si está decepcionado con su alquiler, aquí tiene algunos consejos que puede aplicar para sacar al mercado su propiedad de inversión de alquiler y comenzar a generar buenos rendimientos:

Fotos de calidad

Se dice que una imagen vale más que mil palabras. En el caso de la inversión en propiedades de alquiler, se puede decir que una foto vale unos miles de dólares. En esta era moderna, usted debe crear fotografías llamativas de su propiedad inmobiliaria para captar el interés de los clientes potenciales. Ya sea que quiera subir las fotografías en línea o en una publicación, debe asegurarse de que sus fotos sean de calidad y profesionales.

Cuando usted tiene fotos de calidad de su propiedad de alquiler, animará a la gente a quedarse un poco más en su propiedad. Aunque no busque los servicios de un fotógrafo, hay algunas formas excelentes de pulir las fotos. Considere lo siguiente:

- **La foto del exterior es la más importante:** La primera foto es siempre el lado exterior de su propiedad. Esta foto es famosa porque puede atraer la atención o ahuyentar a los clientes potenciales. Tenga en cuenta que la primera impresión es crucial. Para que esta foto se vea elegante, debe tomarla después de la puesta de sol, media hora antes de que se ponga el sol, o temprano en la mañana. Las fotos del crepúsculo pueden salir con las luces exteriores encendidas. Una excelente foto exterior debe ser el gancho que capture la vista de los clientes potenciales.

- **Tome las fotos derechas:** Busque un trípode. Usando una lente grande angular apoyada en un trípode y una gran cámara réflex hará que su fotografía sea recta. No use cámaras de teléfonos inteligentes porque no son lo suficientemente amplias para ocupar espacios más pequeños, y hará que su área parezca estrecha. En la mayoría de las ocasiones, necesitará un gran objetivo angular de unos 28 mm. Un trípode de viaje se asegurará de que tome fotografías rectas. Solo unas pocas personas pasarán el tiempo mirando una foto de una propiedad que parece que se está hundiendo en la tierra. Si usted no puede conseguir un trípode, asegúrese de encontrar un nivel de burbuja y úselo para mantener la forma de tus fotos.

- **Descarte el flash:** En su lugar, permita que la luz natural brille y mantenga el entorno del espacio. Tomar fotos con el flash puede sobreexponer la propiedad, y esto tiende a hacer su propiedad poco atractiva y a malinterpretar la profundidad. Además, el flash puede crear defectos visuales.

- **Elija las fotos que quiere mostrar:** Los estudios han revelado que los cazadores de alquiler en línea pasan alrededor del 60% de su tiempo en un listado solo mirando las fotografías. Es por eso que no puede permitirse el lujo de usar fotos aburridas para anunciar su propiedad. En caso de que contrate a un fotógrafo para que tome sus fotos, asegúrese de saber el tipo de fotografías que no quiere usar, y la mejor manera de usar las fotografías para llamar la atención de los inquilinos. Es vital que sus fotos transmitan el mensaje de que le importa la presentación y la propiedad. Recuerde que las fotos no solo hablan de su propiedad, sino que también muestran que le importa. La reputación que se construya debe ser la de una persona profesional y cuidadosa.

Lista completa

Si hay algo que usted debe evitar, es hacer que sus posibles inquilinos tengan dificultades para identificar los detalles de su propiedad. La mayoría de las personas que buscan alquileres hoy en día recurren a plataformas en línea y quieren hacer comparaciones rápidas. Si usted no tiene claro cosas como las comodidades y las políticas de mascotas, esto ahuyentará a la gente. La gente quiere saber mucho sobre la propiedad antes de mudarse o incluso comprometerse a rastrearla. Se aconseja ser lo más específico posible y evitar el uso de un lenguaje florido, que no funciona bien en las plataformas de alquiler en línea. En su lugar, concéntrese en su mensaje de calidad y excelente servicio. Si quiere ofrecer una propiedad de calidad y un servicio agradable, entonces dígaselo, pero evite todo el lenguaje florido que describe la belleza y la calma del lugar. Los inquilinos están interesados en saber lo que van a recibir y quieren muchas opciones diferentes para elegir.

Publicidad inteligente en internet

En estos tiempos, será difícil que usted atraiga la atención de la gente si no se mantiene al día con los cambios en el sector de Internet y la publicidad. Si usted planea anunciar su propiedad en un sitio web, asegúrese de que los anuncios estén bien sincronizados. Los estudios indican que los anuncios puestos los viernes reciben más visitas, y las casas se venden más rápido que las puestas los otros días.

Lo mismo puede aplicarse a los alquileres. No tenga miedo de poner su anuncio más de una vez.

Hay muchos métodos para la comercialización de propiedades en línea además de solo poner un anuncio. Puede, por ejemplo, grabar y poner un video de su propiedad en alquiler en YouTube, permitiendo a otros potenciales inquilinos ver e interesarse en su propiedad desde la comodidad de sus hogares.

Al tomarse el tiempo para promocionar su propiedad, usted influirá sobre la inversión total. Puede cambiar toda la impresión, lo que lleva a más inquilinos y a una empresa rentable.

Aprenda más a cerca de los datos demográficos

Cuando usted se dirige a un tipo particular de familia o individuo para alquilar su propiedad, es necesario tenerlo en cuenta en todas sus estrategias publicitarias. Si va a dirigirse a familias con niños, por ejemplo, construya en su propiedad servicios que atraigan a los niños y destaque éstos cuando escriba una descripción sobre su propiedad de alquiler. El mismo nivel de consideración debe ser aplicado a cada audiencia. Si se dirige a personas mayores, entonces necesita identificar las cosas que le gustan a las personas mayores en una propiedad y resaltar esos aspectos en su descripción. Promueva su propiedad en lugares de recreación y centros de entrenamiento locales (donde las familias probablemente la vean), y coloque anuncios en tiendas de comestibles y guarderías locales alrededor de su propiedad.

Encuentre una señalización elegante

Busque un verdadero cartel de "Se Alquila". Aunque hay algunos carteles que puede conseguir en la ferretería, la mayoría son comunes y no únicos. Solo recuerde que el mercado inmobiliario es competitivo, y necesita diferenciarse del resto, y esto incluye su señalización. Usted puede hacer un pedido de carteles personalizados y baratos en Internet en lugares como buildasign.com. Añada algunos detalles rápidos e importantes como el alquiler mensual, el número de dormitorios y si los servicios están disponibles o no. No olvide incluir un número de contacto y una dirección de correo electrónico. Cuando coloque un cartel para que el mundo lo vea, asegúrese de que esté cerca de la calle. Si usted quiere ir por todas, puede gastarse más dólares y colocar algunos carteles en el patio.

Open house

Open house o casa abierta puede ser otra estrategia para ganar exposición para su propiedad. Las casas abiertas no causan el mismo estrés en los espectadores que el causado por el programa oficial. Normalmente, captarán la atención de los curiosos. Permita que los transeúntes miren dentro de su propiedad abriendo las persianas y permitiendo a los usuarios echar un vistazo. Además, si tiene varias propiedades para alquilar, puede crear folletos para que los inquilinos vean todo lo que tiene. Independientemente de la propiedad que alquile, el propósito de una casa abierta es llamar la atención sobre su propiedad.

Use el poder del networking

Aproveche las redes sociales para correr la voz. Facebook y Twitter son excelentes plataformas para comunicarse con sus amigos que pueden no estar al tanto de su propiedad.

Piense en cómo puede anunciarse en el vecindario, como crear y enviar postales para comercializar su propiedad en el vecindario. Es probable que las personas que viven cerca conozcan a alguien que está buscando una casa para alquilar. Si usted endulza un poco el trato, usando algo como una tarjeta de regalo, lo más probable es que no espere mucho antes de que la gente se mude.

La comercialización de una propiedad de alquiler requiere que planifique bien, esté listo para probar cosas nuevas y nunca piense que está por encima de intentar algunas cosas. A veces, necesita salir de su zona de confort para que las cosas sucedan.

Secretos para mantener la rentabilidad de la propiedad de alquiler

1. Establezca un presupuesto y controle los gastos

Puede sorprenderle que necesite gastar algo de dinero para mantener su cartera de alquileres. Aparte de eso, algunos propietarios no estiman cuáles pueden ser sus gastos para el año en curso. Si usted es uno de ellos, o si no planea sus gastos, cada costo que ocurra lo sorprenderá.

Sin embargo, al crear un presupuesto, puede estimar la cantidad de dinero que gastará y cuánto recibirá. Además, si usted planea incluir inversionistas en su negocio, es esencial tener una gran proyección financiera.

No es difícil crear un presupuesto. Si ha tenido la propiedad por más de un año, todo lo que necesita hacer es revisar sus registros de pago. Si tiene un software de contabilidad, esto es tan simple como hacer clic para obtener un informe. Si ese no es el caso, escanee su año anterior y organice todo en una hoja de cálculo. Supongamos que, si no han surgido grandes gastos, puede estimar que lo que pagará en gastos será lo mismo que el año anterior.

2. Reserve algo de capital

Las mejoras en el capital pueden ayudar a agregar valor a su alquiler. Según la contabilidad, las mejoras de capital no son un gasto de un año como los gastos de servicios públicos. Estos se han capitalizado en el valor del edificio.

Los ejemplos incluyen el reemplazo del techo y nuevos hornos. También puede incluir renovaciones significativas, ventanas, electrodomésticos nuevos y ventanas si aumentan el valor de la propiedad. Si no reserva algunos dólares para cubrir estas cosas, cuando surjan, puede terminar alcanzando su presupuesto cuando el horno requiera algún reemplazo.

3. Organice el mantenimiento preventivo

Algunos propietarios esperan que ocurra un problema antes de enviar a una persona para que realice una reparación. Esto puede ser costoso, ya que el inquilino puede dejar de notificarle un problema hasta que empeore. Las cosas pequeñas pueden convertirse en cosas grandes, y es difícil esperar a que un inquilino decida cuándo debe realizar algún mantenimiento en su propiedad de inversión.

Las reparaciones preventivas son vitales porque ayudan a solucionar un problema antes de que se intensifique y se convierta en un gasto importante. El problema del grifo que gotea en el baño puede empeorarse si el inquilino no se molesta en decírselo a usted.

El detector de humo con una batería descargada no es seguro para el inquilino y se convierte en una responsabilidad. La canaleta rota, si no se repara temprano, provocará una fuga de agua en su techo. Y la lista sigue y sigue... Usted puede elegir reparar estas pequeñas cosas en un tiempo razonable en lugar de arreglarlas cuando se salgan de control.

La reducción de gastos es un método que el propietario puede usar para limitar los gastos generales del edificio, principalmente mediante la reducción de los gastos de servicios públicos en un apartamento multifamiliar.

Cómo crear un modelo de negocios de inversión inmobiliaria

Casi todos los que obtienen buenos resultados en música, negocios, carrera, deportes y otras áreas de la vida comenzaron con un plan sólido. Incluso si ese plan es algo así como: "Creo que puedo comprar este dispositivo por $ 100 y venderlo por $ 130", eso sigue siendo una declaración de lo que puede hacer el negocio y cómo generará ganancias.

Sin embargo, la mayoría, especialmente los posibles inversionistas inmobiliarios, comienzan sin un plan básico. Por lo general, las personas no tienen más que una idea vaga: "Los precios de las propiedades suben, por lo que es una gran inversión" o "Muchas personas ricas tienden a poseer propiedades".

Usted puede pensar que pasar todo el día planificando es perder el tiempo, en lugar de salir y buscar propiedades y, por lo tanto, comenzar a ganar dinero, pero los inversionistas profesionales de bienes raíces le dirán que cada negocio que cumple con su objetivo tiene un plan sólido.

En otras palabras, casi todos los que no comienzan con un plan se frustran pues no terminan como esperaban. No importa cuánto dinero, esfuerzo y tiempo invierta en su negocio, sin un plan, usted no puede llegar lejos.

¿Cómo es un modelo de negocios de inversión inmobiliaria?

El plan de negocios no necesita tener 100 páginas de proyecciones y gráficos hermosos. Los inversionistas exitosos tienen un plan resumido que puede caber en el reverso de una ficha. Eso significa que usted puede memorizarlo rápidamente y usarlo para implementar cada decisión que tome.

Pero antes de obtener ese plan simple, es posible que usted deba realizar una intensa lluvia de ideas y pensamientos.

No parece fácil, pero al menos es simple. Su plan necesita abordar lo siguiente:

- Su estado actual.
- A donde quiere llegar (su objetivo).
- Las acciones que tomará para reducir la brecha.

Su situación actual

Es imposible planificar un viaje si no sabe por dónde va a comenzar.

Descubrir su punto de partida es lo más simple porque incluye información que ya conoce o que conoce fácilmente. Debe ser claro acerca de:

- La cantidad de dinero que usted necesita invertir.
- La cantidad de dinero procedente de sus ahorros que usted asignará a la propiedad de inversión en los próximos años.
- La cantidad de tiempo que usted invertirá cada semana o mes.
- El conocimiento y las habilidades que usted puede aplicar en su negocio inmobiliario.

Saber la cantidad de dinero que usted puede invertir debería ser fácil, pero es vital hablar con un agente hipotecario para confirmar que tiene opciones de préstamo. Esto es importante porque definirá el monto total de su inversión. Un corredor también puede informarle sobre las opciones que tiene para obtener capital con la garantía de su propia casa, si eso es algo que le gustaría considerar.

También es bueno considerar el "fondo de emergencia" que debe tener en efectivo y deducir de sus fondos de inversión. Se recomienda tener al menos seis meses de gastos en el banco para utilizarlos en cualquier momento de ser necesario. Lo peor que usted puede hacer es destinar todo su dinero a las inversiones.

¿Dónde quiere llegar?

Hasta ahora, usted sabe dónde comenzará, pero ¿a dónde quiere llegar? Esta es otra forma de pedirle que defina su objetivo.

Por supuesto, usted quiere ser "rico" o "construir un futuro"; sin embargo, ¿qué significa eso para usted?

Y lo más importante, ¿cuándo quiere lograr esto?

Es posible que se sorprenda al saber cuánto esfuerzo y energía implica responder a estas preguntas correctamente. Es fácil decir cosas como "Suficiente para financiar mi estilo de vida" y asumir que podría ser un ingreso de $ 10.000 por mes, pero es algo diferente mirar honestamente el estilo de vida ideal y decidir cuál es una cifra razonable.

Lo mismo se aplica para "cuándo", y es algo que a menudo se ignora; sin embargo, esto le guiará para saber la base de las decisiones de inversión.

Por ejemplo, considere dos opciones de propiedad:

    1. La propiedad A le generará un retorno de inversión del 15% pero nunca incrementará su valor.

    2. La propiedad B le generará un retorno de inversión del 7%, pero incrementará su valor en la siguiente década.

Si usted planea tener un ingreso mensual dentro de 3 años, entonces la propiedad A probablemente será la mejor opción. Sin embargo, es poco probable que experimente un crecimiento en los próximos años, y es posible que actualmente usted necesite optimizar el efectivo en el banco.

Alternativamente, si usted ha elegido que quiere lograr su objetivo probablemente en la próxima década, entonces la propiedad B es la mejor opción. Es una apuesta, pero tendrá tiempo suficiente para que ocurra, y cuando suceda, sus ganancias superarán los mayores ingresos por alquiler que podría haber obtenido de la propiedad A.

Este es solo un ejemplo para mostrarle por qué tomar decisiones simples en la propiedad de su negocio puede ser difícil si no tiene un plan básico: dónde quiere terminar y cuándo quiere que suceda.

Entonces, en este punto del plan, usted debe:

- Evaluar sus finanzas para crear una imagen honesta de su estado actual.

- Tómese el tiempo para pensar dónde quiere llegar y cuándo.

Es un gran comienzo, pero para la mayoría de las personas, no tiene la mejor visión, y la brecha entre dónde están y dónde quieren llegar parecerá increíblemente grande.

Capítulo 4: Analizar una propiedad de alquiler

Las propiedades de alquiler son el tipo más popular de propiedades inmobiliarias en todo el mundo. Esto se debe a que son fáciles de controlar y la mayoría de los nuevos inversionistas lo consideran el punto de partida de sus carreras.

Sin embargo, si usted planea invertir en una propiedad de alquiler, ¿cómo se asegurará de que sea la propiedad correcta para invertir? ¿Cómo puede saber que la propiedad devolverá una ganancia que sea suficiente para manejar todos sus gastos?

Para responder a estas preguntas, entra en juego el análisis de propiedades de alquiler. Es el proceso de analizar una propiedad de inversión para medir su viabilidad y la cantidad de ganancia que puede lograr como propiedad de ingresos.

Al realizar un análisis de propiedades de alquiler, hay varios factores a considerar. Algunos afectan el rendimiento de la propiedad directamente, mientras que otros se utilizan para calcular sus rendimientos.

A continuación, se detallan los factores más críticos utilizados para analizar una propiedad de alquiler:

Ubicación

En la inversión inmobiliaria, la ubicación es crucial, ya que puede afectar profundamente el rendimiento de una propiedad, definir la estrategia de marketing y los tipos de inquilinos que desea atraer a la inversión. Por ejemplo, si usted invierte en una propiedad para alquiler que está cerca de una universidad, estará apuntando a estudiantes o miembros de las instituciones para aprovechar al máximo la ubicación.

Estrategia de alquiler

Elegir el enfoque de alquiler correcto para su propiedad de ingresos puede hacer o deshacer su carrera. Antes de comenzar a alquilar su propiedad, es vital que observe las diferentes opciones disponibles. Hay dos estrategias principales de alquiler para aplicar, y ambas no pueden operar en la misma propiedad:

- Propiedades a largo plazo
- Propiedades a corto plazo

Para escoger entre las dos, usted debe utilizar una herramienta de análisis de propiedades de alquiler para aprender el método más rentable.

El tipo de propiedad

Cada categoría de propiedad inmobiliaria tiene sus ventajas y desventajas. Al realizar un análisis comparativo, el tipo de propiedad en la que invierte es esencial. Un análisis de mercado comparativo no tiene que considerar todos los valores en un área; sin embargo, solo debe involucrar valores que sean similares a su propiedad. Esto debe incluir el tipo de propiedad, año, tamaño y otros factores.

Tipo de inquilinos que desea atraer

Un inquilino es una persona que reside en su propiedad y paga un alquiler semanal o mensual a cambio de su estancia. Quizás el aspecto más emocionante de las propiedades de alquiler es que los inquilinos que alquilan su propiedad son los responsables de pagar su hipoteca y otros gastos.

Existen diferentes categorías de inquilinos, y es por ello que usted debe personalizar sus técnicas de marketing y el diseño del hogar para que coincida con el tipo de inquilinos que desea atraer.

Ingresos por alquiler y flujo de caja

Los ingresos por alquiler de una propiedad se refieren a la cantidad de alquiler que una persona recibe de los inquilinos en forma diaria, semanal o mensual. Por otro lado, el flujo de caja se refiere a la cantidad de pérdida inicial o ganancia que genera la propiedad.

El flujo de ingresos en efectivo de una propiedad por alquiler describe el principal indicador de rentabilidad. El flujo de caja es negativo o positivo; dependiendo de la cantidad de dinero que usted pierda o gane. Si desea determinar el flujo de efectivo, simplemente necesita elegir el valor de los ingresos por alquiler y excluir todos los costos y gastos asociados con la propiedad del mismo valor.

Tasas de vacantes y ocupación

La tasa de vacantes se refiere al tiempo que una propiedad permanece vacía y la tasa de ocupación se refiere a cuándo está ocupada.

En un caso típico, la tasa de ocupación de una propiedad debe ser del 100% y le dará la oportunidad de obtener ganancias de la propiedad de alquiler durante todo el año.

La tasa de vacante se determina como un gasto. Después de calcular las ganancias que obtiene de los ingresos por alquiler y restar todos los costos, puede proceder a multiplicar la cantidad por la tasa de ocupación para encontrar el flujo de efectivo de la propiedad.

Tasa de capitalización

Esta es una métrica involucrada en la determinación del retorno de la inversión de un ingreso de alquiler dependiendo del valor de mercado actual.

La fórmula para encontrar la tasa de capitalización incluye:

Tasa de capitalización = (Ingresos operativos netos) / Valor actual de mercado) x 100

Esta métrica indica la rentabilidad de la propiedad. El valor de la tasa de capitalización también se muestra como un porcentaje. Representa la cantidad de ganancias que desea obtener cada año en comparación con el precio original de la propiedad. La métrica no incluye el método utilizado para financiar, y supondrá que la propiedad se compró completamente con efectivo.

Efectivo en Cash Return

Aunque el dinero de la devolución de efectivo se aplica para determinar el retorno de la inversión de una propiedad de ingresos, es diferente de la métrica de tasa de capitalización porque tiene en cuenta el método de financiación. Aún más preciso es que el reembolso en efectivo solo incluye los fondos reales invertidos en la compra de la propiedad.

Por lo tanto, si compra una propiedad con 80% de dinero prestado y 20% de efectivo, el efectivo en la métrica de devolución solo aplicará 20% de efectivo a su cálculo.

La fórmula utilizada para determinar el reembolso en efectivo incluye:

Efectivo en Cash Return = (NOI / Efectivo invertido) x 100

El valor de la devolución del efectivo en efectivo también se expresa como un porcentaje y revela la cantidad de dinero que se puede ganar en un año con la cantidad total de efectivo que se invierte en la propiedad.

Análisis comparativo de mercado

Para que usted pueda realizar una evaluación precisa de una propiedad de alquiler, tendrá que hacer una comparación con valores similares en el área. Un análisis de comparativo de mercado es útil para ayudarlo a comparar valores únicos o varios con otras propiedades en el mercado y para saber si las propiedades están funcionando bien.

Mediante el uso de un análisis de comparativo de mercado, usted puede evaluar dónde está la mayor capacidad en el mercado al hacer una comparación de las diferentes métricas y valores.

Por ejemplo, si usted realiza un análisis comparativo y el resultado revela que la tasa de capitalización promedio del mercado es del 4%, entonces las propiedades con una tasa de capitalización del 7% superan con creces el promedio del mercado.

Es así de fácil.

Cuando se trata de invertir en propiedades de alquiler, comprender cómo calcular los números es necesario para su éxito en la generación de ganancias y hacer la inversión correcta.

Como se vio anteriormente, hay muchas cosas que debe tener en cuenta al analizar las posibles propiedades de alquiler. Le guste o no, cuando usted comience a invertir en bienes raíces, tomará su futuro financiero en sus propias manos, lo cual puede ser preocupante para la mayoría de las personas.

Sin embargo, también puede ser convincente para muchas personas. Por lo general, cuando las personas comienzan a invertir en propiedades de alquiler, siempre tienen miedo de cometer un error o comprar una "propiedad mala", pero la verdad es que muchos materiales útiles pueden guiarlo. Cuando se trata de analizar posibles negocios, no hay lugar para la subjetividad.

Usted no necesita ser un genio para ver el futuro o memorizar números; solo necesita conocer los números y una herramienta que lo ayude a calcular el rendimiento. Por esa razón, si tiene curiosidad sobre el hecho de que cualquiera puede invertir en propiedades de alquiler, incluso si no sabe por dónde empezar, no se preocupe. ¡Este libro lo ayudará!

¿Con qué números debe estar familiarizado al hacer un análisis de propiedad?

En general, un análisis de una propiedad involucra un conjunto de números que están conectados a la propiedad y su cálculo determina el tipo de retorno que generará la propiedad. Si usted no conoce todos estos números o no son precisos, dará como resultado una aproximación inexacta del **ROI** o del flujo de efectivo mensual estimado.

La verdad es que, en algunos casos, puede tomar un poco de tiempo identificar estos números. Puede requerir una llamada telefónica a un agente de bienes raíces para generar una estimación de algunos números importantes, pero las llamadas telefónicas son críticas para garantizar que tenga estimaciones precisas del retorno de inversión.

Veamos algunos de los números que usted debe tener en cuenta para ayudarlo a analizar:

1. Impuestos

Averigüe el monto del impuesto total del inmueble para todo el año.

2. Precio de lista

Este es el precio que el vendedor pide por la propiedad.

3. Utilidades

Si usted va a pagar los servicios o servicios públicos en la propiedad, es posible que deba solicitar información a sus vendedores sobre lo que han pagado en el pasado por cada tipo de servicio público.

4. Gastos de capital

Esto es similar a construir para un fondo de reserva. El gasto de capital está vinculado con artículos grandes y caros que tendrá que reemplazar. Es posible contabilizar el ahorro de un porcentaje específico cada mes para canalizarlo hacia el gasto de capital.

5. Tasa de desocupación

Una cosa que es cierta acerca de la propiedad de alquiler es que estará vacía de vez en cuando. Esto le costará dinero y afectará su ROI. Sin embargo, puede darse cuenta de esto al principio ejecutando un análisis de su área local. Los agentes de bienes raíces pueden proporcionar un porcentaje estimado de la tasa de vacantes en su área local.

6. Pago o cuota inicial

¿Cuánto va dinero va a invertir en la propiedad de alquiler? El posible producto de préstamo que desea utilizar puede mostrar el monto del pago inicial.

7. Plazo hipotecario

El producto del préstamo determinará las condiciones. En general, verá los términos en incrementos de quince, veinte o incluso 30 años. Por lo general, en un préstamo convencional, se centrará en un pago inicial del 20% en un plazo de 30 años.

Si ingresa estos números en un analizador de propiedades, calculará automáticamente el ROI y pronosticará un flujo de caja mensual para que pueda obtener la estimación correcta de si la propiedad cumple con sus objetivos de inversión.

Consejos para llevar los números de la propiedad

Cuando se trata de analizar los números de las propiedades, debe ser muy preciso. No debe perderse de nada. Recuerde, cuando usted invierte en propiedades de alquiler, los números tienen que determinar la decisión de inversión más importante para usted, así que deje la emoción fuera de la ecuación. Además de eso, usted necesita herramientas que lo ayuden a mantenerse en el camino:

1. Busque un analista de propiedades

Cuando empiece, usted puede preguntarse cómo puede encontrar los números resaltados anteriormente y qué hacer con ellos.

La mayoría de las personas no se van a sentar y construir una hoja de cálculo integral que obtenga los números sin esfuerzo; sin embargo, internet tiene recursos útiles que pueden ayudarlo a calcular números en propiedades. Puede buscar analizadores y aplicaciones gratuitos diseñados para estimar su hipoteca y darle una idea de cómo se verá su hipoteca para que no tenga problemas para identificarla por su cuenta.

Lo mejor de la mayoría de estos analizadores de propiedades es que necesitará ingresar toda la información sobre la propiedad, y calculará automáticamente su ROI y flujo de efectivo.

Esto le permitirá tomar una decisión bastante rápida con respecto a si la propiedad cumple con sus objetivos de retorno de la inversión. Si es así, usted puede comenzar a reducir el camino de la búsqueda de información y programar una demostración. Por otro lado, si no cumple con sus objetivos de ROI, será fácil decir que no y continuar buscando.

Poseer una herramienta no solo hace que sea fácil calificar o descalificar una propiedad para usted, sino que generalmente puede ahorrarle mucho tiempo.

2. Números en blanco y negro

Para algunas personas, esto crea una sensación de alivio. Pero para aquellos que prefieren una sección gris, esto puede resultar difícil. Sin embargo, la verdad es que los números no son subjetivos. Hay datos e información que encontrará en cada propiedad que le permitirán ejecutar un análisis en blanco y negro de la misma.

En el campo de la inversión en propiedades de alquiler, hay cierta subjetividad en las decisiones que toma. Estos incluyen el tipo de inquilino que permite en su propiedad, ubicación y el estado de la propiedad. Estas cosas no se ven en blanco y negro, pero cuando recurre a los números, tiene que ser así.

Cuando se hace un análisis de la propiedad, y muestra su ROI y flujo de caja pronosticados, entonces es hora de que confíe en ella. Ignore la emoción y concéntrese en lo que la propiedad le entregará y si eso lo ayudará a alcanzar los objetivos que se ha fijado como inversionista.

Pasos a seguir para determinar con precisión el valor de su propiedad

Paso 1: Determine su rendimiento de alquiler bruto anual

Multiplique su renta mensual en el mercado por doce y obtendrá la renta anual. Luego, seleccione la renta anual y realice una división del precio con el último precio del mercado inmobiliario. Por ejemplo:

$ 3.000 / mes = $ 36.000 / año, $ 36.000 / $ 500.000 = 7.2% de rendimiento bruto de alquiler

Paso 2: Haga una comparación del rendimiento bruto de alquiler con la tasa libre de riesgo

Libre de riesgo se refiere a la producción de bonos a diez años. Todas las inversiones deben presentar una tasa de prima libre de riesgo. Si el rendimiento bruto anual del alquiler es menor que la tasa libre de riesgo, entonces debe intentar negociar.

Paso 3: Calcule el rendimiento neto anual del alquiler

Este rendimiento representa su ingreso operativo neto. Se puede calcular obteniendo su renta bruta anual y restando los intereses de la hipoteca, los costos de mantenimiento y los impuestos a la propiedad. El resultado neto del alquiler puede ser diferente para cada inversionista, ya que ciertos lugares tienen mucho más dinero que otros.

Paso 4: Ahora compare el rendimiento del alquiler con la tasa libre de riesgo

Por lo general, el rendimiento del alquiler neto debe ser mayor o igual a la tasa libre de riesgo. Usted pagará el principal con el tiempo y luego aumentará el rendimiento del apartamento alquilado. Si todo funciona bien, los alquileres aumentarán y su propiedad aumentará de precio.

Paso 5: Ahora determine la relación precio-ganancias de su propiedad

Este es el valor de mercado de su propiedad dividido por la ganancia neta corriente en ese momento.

Paso 6: Predecir el precio futuro de la propiedad y las expectativas de alquiler

El verdadero negocio es pronosticar las expectativas correctamente. Como inversionista de propiedades de alquiler, usted debe hacer uso de eventos anormales. El mejor método para predecir el futuro es comparar lo que sucedió en los años anteriores a través de gráficos en línea y crear expectativas realistas sobre el crecimiento del empleo local. ¿La ciudad continúa expandiéndose en términos de desarrollo, o hay restricciones? ¿Se están mudando los empleadores de la ciudad o viniendo a ella?

Paso 7: Ejecute diferentes escenarios

Lo primero es establecer el precio de su propiedad y las previsiones de alquiler y luego ejecutar diferentes escenarios.

Paso 8: Tenga en cuenta los impuestos y la depreciación

Casi todos los gastos asociados con la propiedad de una propiedad de alquiler están sujetos a impuestos. Otra cosa importante que necesita saber es la depreciación.

Paso 9: Busque ventas comparables

La forma más fácil de buscar ventas comparables de los últimos seis a doce meses es usar un sitio web en línea como Zillow.com. Aquí verá el historial de ventas, los registros de impuestos y mucho más. Debe hacer una comparación de su precio objetivo con las otras ventas. Luego puede identificar qué ha cambiado para asegurarse de obtener el mejor trato.

Errores a evitar al analizar alquileres

1. No subestime ni sobreestime los gastos

Una vez que comience a analizar su propiedad de inversión de alquiler, comenzará a darse cuenta de que no siempre puede encontrar números precisos en un acuerdo. Cuando ocurre esta situación, debe aplicar su experiencia y estimación, pero una cosa que no debe hacer es sobrestimar.

Es un poco mejor que los números caigan el último día en que aparecen. Si tiene la costumbre de sobreestimar los números, esto tiene la posibilidad de convertir un buen negocio en malo. Si los números están muy cerca al principio e incluso sobreestima $ 200 en algo, eso puede hacer que lo que parecía un negocio rentable sea una quiebra.

2. No confíe en cada palabra de la boca de un vendedor

Cuando solicite números para posibles negocios, siempre debe seguir con otra solicitud de documentos para verificar lo que dice el vendedor. Tiene derecho a solicitar la verificación de números cuando considere que algo no está bien. Pedir confirmación es otra forma de proteger su dinero.

La verdad es que hay diferentes cosas que usted debe tener en cuenta cuando esté a punto de comenzar a invertir en propiedades de alquiler. Sin embargo, una de las áreas más críticas a las que debe dedicar bien su tiempo es a analizar las ofertas.

Es importante recordar que, al analizar un área de inversión, es posible cometer errores. Algunos de estos errores pueden costarle mucho. Esto no tiene la intención de asustarlo, pero es solo otra forma de reforzar la necesidad de usar los números correctos cuando realice el análisis y asegurarse de que no termine usando los números incorrectos que recibe de agentes inmobiliarios y vendedores.

La idea de dominar las técnicas de análisis de propiedades de inversión puede parecer abrumadora, pero con la práctica diaria y el uso de las herramientas adecuadas, se convertirá en un profesional para encontrar una propiedad, investigar y comprar una propiedad de alquiler.

Capítulo 5: Financie su propiedad de alquiler

Invertir en propiedades de alquiler es un gran paso, pero ¿qué métodos puede utilizar para financiar una propiedad de alquiler?

En general, el financiamiento es la parte más difícil de comprar propiedades de ingresos por alquileres. La mayoría de las personas pasan la mayor parte de su tiempo en esta etapa. Sin embargo, si no necesita hacerlo, especialmente cuando comprende todas las opciones disponibles que puede usar para financiar su propiedad de alquiler y se familiariza con lo que debe considerar para elegir la mejor opción, finalmente aceptará que no es difícil financiar una propiedad de alquiler. Por lo tanto, usted debe estar familiarizado con las diferentes opciones de financiación de una propiedad de alquiler y cuándo es correcto usar cada una de ellas. Para ayudarlo a aprender y seleccionar un método de financiación, a continuación, se mencionan las formas de financiación de su propiedad de alquiler:

1. Efectivo

Esta es una de las formas más fáciles de financiar una propiedad de alquiler si ya tiene el dinero porque el monto del préstamo es cero. Sin embargo, también hay inconvenientes. Por ejemplo, se perderá de algunas ventajas que podría aprovechar. El apalancamiento es usar dinero de otras personas para financiar su propiedad de alquiler. Si no aprovecha, entonces su retorno de la inversión, incluido el efectivo contra reembolso, comenzará a disminuir.

Todo el efectivo es el mejor método para financiar una propiedad de alquiler cuando sabe que tiene un ingreso alto, planea hacer pequeñas compras cada año, o desea poner su dinero en algún lugar sin preocuparse por los retornos.

¿Cuál es el mejor retorno de efectivo?

Rara vez escuchará a alguien hablar el retorno de efectivo más allá del campo de la inversión inmobiliaria. La mayoría de las inversiones están determinadas por lo que se llama el retorno de la inversión, pero no con el retorno de efectivo. Para calcular el ROI, es imprescindible saber la cantidad de efectivo generado por una inversión. Pero no es fácil estimar la cantidad de dinero que puede generar un alquiler.

Como resultado, no parece razonable traer la idea del ROI al decidir entre comprar o no comprar una propiedad de inversión. Por lo tanto, la unidad más popular y directa aplicada es la devolución de efectivo en efectivo. Eso se calcula realizando una división del flujo de efectivo utilizando la cantidad de efectivo inicialmente invertida.

Cuando se trata de buen efectivo en efectivo, los expertos tienen sus números. Algunos sugieren que cualquier número superior al 8% está bien, mientras que otros no están de acuerdo. Los expertos que no están de acuerdo aconsejan que el retorno de dinero en efectivo debe ser del 20% o más. El reembolso en efectivo no es fijo, sino que cambia de un lugar a otro.

Dado que el reembolso en efectivo es una métrica sencilla, no es suficiente para tomar una decisión acerca de invertir o no en una propiedad de alquiler. Por ejemplo, no considera la apreciación en bienes raíces. Por lo tanto, es solo una señal de si una inversión inmobiliaria puede ser una gran idea o no. Pero antes de tomar su decisión final, es esencial realizar un análisis en profundidad que le proporcione el rendimiento que está buscando:

1. Compre como propietario ocupante

Cuando usted compra una casa de alquiler como propietario-ocupante, podrá recibir las mejores ofertas de financiación. Puede obtener una hipoteca de grado de propietario garantizada por 30 años con un pago inicial mínimo del 3.5%. El banco generalmente pagará sus impuestos y el seguro de una cuenta de depósito en garantía, que luego paga todos los meses como parte del acuerdo. Usted puede comprar otra propiedad como propietario-ocupante y repetir el mismo proceso una vez más.

Dicho esto, es necesario tener cuidado de no abusar de este proceso porque aparecerá en su crédito, y debido a que solo puede obtener algunos de estos préstamos, es posible que tenga un inconveniente y necesite buscar otras opciones.

Esta es la forma correcta de financiar una propiedad de alquiler si es nuevo en el negocio de alquiler, o si desea tener algunos alquileres como un trabajo adicional.

2. Pequeña banca de financiación comunitaria

Es ligeramente diferente al préstamo bancario tradicional. A diferencia de los grandes bancos que tienen sus operaciones en todos los estados, los bancos pequeños trabajarán en comunidades pequeñas. Los grandes bancos respetan las pautas, pero los bancos pequeños tienden a mantener los préstamos internos en lugar de venderlos a los inversionistas. En este caso, antes de otorgar un prestamo querrán aprender más sobre usted. Por lo tanto, usted debe estar listo para una visita en persona y estar preparado para la red. Una vez que se apruebe, será bastante fácil trabajar con ellos.

Los bancos pequeños también disfrutan cuando sus negocios entran en su esfera. Una de las mejores cosas de los bancos pequeños es que saben mucho sobre sociedades de capital porque logran acuerdos en otras áreas de negocios, no solo en la propiedad de alquiler. Por lo tanto, si usted está pensando en buscar más inversionistas para comprar grandes propiedades conjuntamente, los bancos pequeños pueden ser útiles para asegurarse de estructurar los préstamos para este tipo de acuerdo.

Un pequeño banco de financiación comunitaria es uno de los mejores métodos para financiar una propiedad de alquiler si usted desea involucrarse a tiempo completo en la inversión inmobiliaria. Nuevamente, si usted sabe que es bueno en la construcción de relaciones y redes, este podría ser el mejor enfoque.

3. Préstamo bancario tradicional

Es posible que haya oído hablar de un préstamo bancario tradicional. Este se adhiere a los principios establecidos por Freddie Mac, que no ha sido respaldado por el gobierno federal. En este caso, el pago inicial puede aumentar al 30%, con el respaldo de una propiedad de inversión. Sin embargo, lo bueno de esto es que el banco puede tener un ingreso de alquiler aproximado de la propiedad para respaldar su relación de deuda e ingresos. Por lo tanto, debe tomarse el tiempo para discutir esto con su prestamista.

Dicho esto, su historial de crédito, ingresos y puntaje de crédito son importantes para un préstamo bancario tradicional, pues determinará su capacidad para obtener la aprobación y la tasa de interés de la hipoteca. Usted debe poder pagar la hipoteca, y los ingresos futuros de la propiedad no deben incluirse en la ecuación.

Este es el mejor método para financiar una propiedad de alquiler cuando usted sabe que tiene un buen historial crediticio y un excelente ingreso.

4. Prestamista privado

Ya sea un amigo de la familia o simplemente un inversor privado, a veces usar un prestamista privado en lugar de un banco tiene ventajas. Por ejemplo, puede negociar el acuerdo sin temor ni preocupación porque ya no hay requisitos establecidos. El procedimiento de calificación del préstamo lleva poco tiempo y es muy complejo. De ese modo, va a gastar poco dinero en costos relacionados con el préstamo.

Sin embargo, la tasa de interés es a menudo más alta, y los préstamos de prestamistas privados suelen ser a corto plazo. Por lo tanto, trate de buscar un prestamista privado que pueda llevar a un banco y lograr que el préstamo del prestamista privado sea refinanciado. Pero antes de que pueda hacer esto, asegúrese de poder negociar un trato justo con el prestamista privado. Además, interactúe con diferentes prestamistas antes de decidir con quién cerrar el trato.

Es mejor utilizar este método cuando sabe que no usted es "financiable". También debe ser un buen negociador y estar seguro de que la propiedad de alquiler generará ganancias.

5. Programas hipotecarios del gobierno

¿Usted sabía que es posible inscribirse en programas sobre cómo financiar una propiedad de alquiler? Los programas de hipotecas del gobierno como USDA, FHA y VA pueden ayudar a los posibles inversores a comprar propiedades de alquiler para obtener pagos iniciales bajos. Por ejemplo, los préstamos de la FHA pueden exigir un pago inicial de aproximadamente 3.5%. Otros tipos de programas también funcionan con un pequeño pago inicial.

6. Hipotecas de financiación del propietario

Usted necesariamente no necesita una hipoteca de los programas gubernamentales o bancos para financiar una propiedad de alquiler. Usted puede pedir el préstamo a los propios vendedores. Por divertido que parezca, es posible obtener una hipoteca de los inversores en propiedades de alquiler que planean vender sus propiedades. Todo lo relacionado con el préstamo está abierto a negociación, lo cual es una ventaja. El problema es que a muchos propietarios no les gusta este tipo de financiamiento.

7. Préstamo de dinero duro

La mayoría de las estrategias discutidas no son tan arriesgadas o complicadas. Sin embargo, los préstamos de dinero duro son diferentes. Si bien estos préstamos cubren una gran suma de la compra, a veces sin un pago inicial, son muy riesgosos para las propiedades de ingresos por alquiler. Parte de su riesgo se debe a las altas tasas de interés y tarifas. De nuevo, son difíciles de encontrar. Por lo tanto, si está buscando un préstamo para pagar y está seguro de que lo devolverá a tiempo, estos préstamos pueden funcionar bien para usted.

8. Prestamos Flix and flip o reparar y revender

El préstamo de arreglar y revender es un tipo de préstamo de dinero duro. Este tipo de préstamo se usa para financiar a un inversionista de propiedades de alquiler que quiere hacer algún mantenimiento o renovación. Al igual que cualquier otro préstamo de dinero duro, los préstamos de reparaciones tienen tasas de interés más altas. Por ejemplo, las tasas de estos préstamos pueden superar el 15%. Al igual que todos los préstamos de dinero duro, los préstamos de reparaciones varían según el valor de la propiedad en lugar del crédito del inversionista.

Como se dijo anteriormente, hay diferentes formas de financiar una propiedad de alquiler. Ningún método es correcto o incorrecto. Todo depende de su tiempo, la razón por la que se está invirtiendo y de los recursos. Hemos analizado diferentes opciones en esta sección, pero usted debe tomarse el tiempo y profundizar en cada método antes de adoptarlo.

Esto debería darle el impulso y una idea sobre cómo identificar la mejor opción para financiar una propiedad de alquiler que satisfaga sus necesidades. En la siguiente sección encontrará algunas formas creativas de financiar la compra de una propiedad de alquiler.

Algunas formas creativas de financiar su propiedad de alquiler

1. Financiamiento del vendedor

Bajo este enfoque, usted obtiene un préstamo de la persona que le vende la propiedad. A veces, cuando el vendedor quiere prestarte dinero, será más fácil que ir al banco.

Estas ofertas funcionan en algunos escenarios. El vendedor puede decidir financiar el pago inicial o la compra completa. El vendedor puede ser otro inversionista inmobiliario o incluso el propietario de la propiedad.

El éxito de este método es asegurarse de alcanzar un acuerdo razonable sobre la tasa de interés del préstamo. Si usted no tiene suficiente experiencia en esta área, podría ser inteligente trabajar con un abogado. Independientemente de la experiencia que tenga, asegúrese de aceptar los términos del préstamo por escrito.

2. Asociaciones

En esta opción, se forma una sociedad con otra persona. Entonces usted puede acordar un pago inicial. Esta es una estrategia excelente si tiene un miembro de la familia que está interesado en ser parte de la inversión inmobiliaria, pero tal vez él o ella no esté involucrado en el trabajo diario de cobrar el alquiler y realizar las otras tareas del arrendador.

En este caso, un socio contribuirá con el dinero y el otro se concentrará en los deberes de ser propietario.

La clave del éxito radica en acordar cómo compartir los ingresos. Se recomienda considerarlo como un equilibrio entre el riesgo y la recompensa con los costos y beneficios. Su socio asume el riesgo financiero, pero usted dedica toda su energía a generar ingresos a través del alquiler.

3. Fondos de jubilación

La mayoría de las personas que han trabajado para sí mismas han ahorrado su dinero de jubilación en una cuenta de jubilación individual (IRA por sus siglas en inglés). Si usted tiene una cuenta de jubilación individual autodirigida, se le otorgará permiso para invertir en un activo no tradicional. En otras palabras, puede usar el dinero en su cuenta de jubilación individual autodirigida para ejecutar una propiedad de alquiler.

Si usa esta vía, asegúrese de hablar primero con su contador. Incluso con la presencia de un programa de software que simplifica todo, la inversión en propiedades de alquiler se reduce a una inversión más práctica que cualquier otra cosa en el mercado de valores. Antes de comenzar, asegúrese de decidir invertir el tiempo y la energía necesarios para lograr un retorno de la inversión.

Tenga en cuenta que no importa cómo decida financiar su propiedad de alquiler, asegúrese de tener toda la documentación lista para facilitar su éxito y generar ingresos regulares de la propiedad que compra. En otras palabras, debe invertir en:

- Acuerdos formales con un vendedor profesional que esté dispuesto a prestarle dinero para comprar una propiedad.

- Documentos legales como LLC para definir claramente las obligaciones, quien las debe cumplir, la compensación y quien la recibe.

- Proyecte el rendimiento esperado de los diferentes tipos de inversión en un planificador financiero para que pueda hacer varias comparaciones.

Capítulo 6: Consejos de Negociación

¿Cuáles son algunos consejos inteligentes de negociación inmobiliaria? Y como inversor en inmueble para alquileres, ¿cuál es la mejor manera de negociar un acuerdo inmobiliario?

Hay un objetivo específico cuando se trata de negociar un acuerdo para comprar una propiedad de inversión. ¿Pero cuáles son las primeras cosas que usted debe hacer cuando quiere establecerse? Aprendamos sobre el arte de la negociación para que usted pueda obtener el mejor precio independientemente de si está vendiendo o comprando.

Para comenzar, si usted planea comprar una propiedad, tómese el tiempo para comprender exactamente lo que desea de la inversión. ¿Espera ganar dinero a través del aumento del valor de la propiedad con el tiempo, o desea ganar flujo de efectivo y luego comprar la propiedad? Esas son las dos preguntas principales a considerar.

Por lo general, usted debe tener en cuenta tanto el valor de la propiedad como también la obtención de ingresos por el alquiler. Sin embargo, estos dos factores dependen del precio que paga por la propiedad y la forma en que paga. Si usted lo va a hacer a través de un préstamo, la cantidad de interés que paga será un factor crítico en su flujo de caja.

El secreto sobre la negociación es evitar hablar de números de inmediato; en su lugar, discuta cuál es su objetivo y cómo usted y el agente pueden ayudarse mutuamente. La negociación es un arte porque requiere una mente ágil, un comportamiento tranquilo y un razonamiento firme. Por supuesto, la capacidad de saber cuándo vale la pena llegar a un acuerdo y cuándo retirarse o comprar la propiedad es crucial.

En propiedades de inversión de alquiler, usted puede negociar cualquier cosa, ya sea las condiciones de pago, el precio, los ingresos de alquiler y los muebles de la propiedad de alquiler. Todo en bienes raíces puede ser negociado. Las negociaciones son especialmente importantes cuando se compra una propiedad de inversión porque es la mejor manera de llegar a un acuerdo como inversionista de propiedades de alquiler. Aunque los nuevos inversionistas en propiedades de alquiler pueden no conocer las habilidades de negociación más críticas para una inversión en alquiler, aquellos que tienen experiencia, particularmente aquellos que tienen éxito, probablemente sean expertos en negociar el mejor acuerdo. Este capítulo tiene como objetivo enseñarle los consejos que usted debe usar para llegar a un acuerdo y ayudarlo a dominar el arte de la negociación en propiedades de inversión de alquiler.

Nuevas pautas

Primero, la regla general de la negociación es que a las personas les gusta ser entendidas y aceptadas. Durante mucho tiempo, escuchar ha sido la herramienta más barata pero más efectiva que se puede usar. Al escuchar atentamente, usted demuestra empatía y un esfuerzo sincero por entender a la otra persona.

Conviértase en un espejo

Si hay algo que separa a los buenos negociadores de los malos, es que los buenos siempre están listos para las sorpresas.

Los buenos negociadores desafiarán los supuestos que muchas personas eligen aceptar, ya sea por fe o por arrogancia. Por esa razón, están emocionalmente abiertos a todas las probabilidades e intelectualmente flexibles a las situaciones.

Las negociaciones no son una batalla de argumentos. Las personas que consideran las negociaciones como una batalla de casos a menudo se sienten perturbadas por las voces en su cabeza. La negociación es un viaje de descubrimiento. Su función es descubrir tanta información como puedas. Para silenciar las voces en su mente, haga un esfuerzo por concentrarse en lo que la otra persona quiere decir. Su función es tratar de comprender lo que quieren y hacer que se sientan lo suficientemente seguros como para decirlo.

Es importante recordar que las negociaciones no pueden llevarse a cabo si no se escucha. Escuchar, en este caso, significa darle a la otra persona el tiempo para hablar, validar sus emociones y generar suficiente confianza y seguridad para que comience una conversación.

No se apresure. Uno de los errores más comunes que cometen los negociadores es que siempre llevar las negociaciones demasiado rápido. Si usted se apresura, las personas comenzarán a sentir que no se les está escuchando, y corre el riesgo de dañar la relación y la confianza que ha construido.

Cuando se trata de negociadores, hay tres tipos de tono de voces involucradas:

1. La voz de DJ de FM a altas horas de la noche: aplíquela selectivamente para transmitir su mensaje. Solo mantenga la voz baja, tranquila y lenta. Una vez que haya terminado, creará una imagen de autoridad y confiabilidad sin una actitud defensiva.

2. Voz juguetona: esta debería ser su voz predeterminada y la de una persona amable. El secreto aquí es relajarse y mantener una sonrisa mientras habla.

3. Voz asertiva o directa: esta voz en particular rara vez se usa, pero cuando se usa, puede causar problemas y generar retroceso.

Mantenga una sonrisa en su cara. Cuando las personas experimentan un estado mental positivo, piensan rápido y es probable que trabajen juntas y resuelvan un problema. La positividad genera agilidad mental tanto en usted como en la otra parte.

Usted puede decidir ser directo y e ir directo al punto creando un tono de voz de seguridad que diga: "Estoy bien, lo estás haciendo bien; por lo tanto, podemos resolver las cosas".

Mire los supuestos y aplique la negociación para evaluarlo rigurosamente.

Los espejos crean magia. Intente y repita las últimas tres palabras de lo que la otra persona acaba de decir. Muchas personas tienen miedo de cosas diferentes y se sienten atraídas por lo que es similar. La duplicación es una técnica de emulación de similitud. Es esencial porque sirve como mecanismo de unión. ¿Cuándo debería reflejar a la otra persona? Si usted desea alentar a la otra persona para que se vincule con usted, dele su tiempo para reorganizarse, mantenga la conversación y apoye a sus contrapartes para que revelen su estrategia.

Al repetir lo que dice la gente, la otra parte posiblemente explicará lo que acaba de decir y mantendrá la conexión.

Evite sentir su dolor; en cambio, etiquételo

La empatía técnica es el proceso de comprender los sentimientos y la mentalidad de su contraparte y escuchar lo que los impulsa para que pueda determinar su influencia en todas las direcciones. Esto puede implicar llamar la atención sobre los desafíos emocionales y las posibles vías para llegar a un acuerdo.

Si usted puede mirar cuidadosamente la cara, los gestos y el tono de voz de otra persona, su cerebro comenzará a coincidir con el de ellos en un proceso llamado "resonancia neuronal", y eso nos hace comprender lo que piensan y sienten.

Si usted quiere mejorar sus habilidades en resonancia neuronal, entonces debe practicar. Simplemente dirija su atención a una persona que está hablando cerca de usted, o incluso mire a una persona entrevistada por televisión. Mientras hablan, comience a imaginar que usted es esa persona. Visualícese en la posición que explican y agregue tantos detalles como sea posible.

El etiquetado es un método utilizado para validar la emoción de otra persona al mostrar su aprobación. Busque un nombre para el sentimiento que alguien expresa y demuestre cómo se identifica con las experiencias de la persona. Esto lo acercará a una persona incluso sin preguntarle aspectos externos de los que no tiene idea. Lo primero en el etiquetado es identificar el estado de las emociones de la otra persona.

El secreto para detectar sentimientos es tener en cuenta los cambios que experimentan las personas cuando responden a eventos externos. En la mayoría de los casos, estos eventos reflejan sus palabras. Una vez que vea una emoción, lo siguiente es etiquetarla en voz alta. Las etiquetas pueden estar en forma de preguntas o declaraciones; la única diferencia radica en la forma en que usted elige terminar la oración. Independientemente de la forma en que lo termine, las etiquetas casi siempre comenzarán con las mismas palabras:

- "Suena como..."

- "Parece que..."

Cuando responden, la otra parte a menudo proporciona una respuesta más larga que simplemente "Sí" o "No". Y cuando no están de acuerdo con la etiqueta, está bien. Siempre puede decir: "No dije que eso era lo que era; solo dije que suena así".

Finalmente, lo último sobre el etiquetado es el silencio. Una vez que use una etiqueta, permanezca callado y escuche. Las emociones de los seres humanos tienen dos niveles: el comportamiento de "presentación" que se encuentra sobre la superficie y el sentimiento "subyacente" que es lo que impulsa el comportamiento.

Al etiquetar, los grandes negociadores se centran en las emociones subyacentes. Al etiquetar los negativos, los difunde; si etiqueta los positivos, los refuerza.

El etiquetado es útil porque elimina las confrontaciones enojadas, ya que hace que una persona internalice sus sentimientos en lugar de continuar actuando.

El método más rápido y eficiente para crear un entorno de trabajo rápido es aceptar lo negativo y difundirlo.

La investigación ha demostrado que la mejor manera de manejar la negatividad es observarla sin ningún juicio y reacción. Entonces puede etiquetar conscientemente cada sentimiento negativo y sustituirlo por pensamientos positivos, compasivos y basados en soluciones.

Póngase en el lugar de la otra persona. Cuando muestre preocupación por ellos, usted mostrará que está escuchando. Una vez que pueden ver que usted está escuchando, pueden decirle algo que usted puede usar. Una de las razones por las cuales la otra parte puede no llegar a un acuerdo con usted suele ser muy sólida. En este caso, debe concentrarse en eliminar las barreras para llegar a un acuerdo.

Tómese el tiempo para relajarse. Una vez que identifique una barrera o refleje a una persona, espere a que se hunda. No se asuste; la otra parte valorará el silencio. Identifique los temores de la otra parte y luego difunda su poder.

Cree una lista de las peores cosas que pueden decir sobre usted y pronuncie las palabras antes que la otra persona. Dado que las siguientes acusaciones pueden parecer exageradas cuando se hablan en voz alta, al expresarlas, motivará a la otra persona a inferir que lo contrario es cierto.

Tenga en cuenta que está interactuando con una persona que quiere ser entendida y motivada. Por lo tanto, debe centrarse en usar etiquetas para mejorar y aumentar las percepciones positivas.

Aprenda cuándo decir "sí" o "no"

Forzar un "sí" no acerca a un negociador a una victoria; en cambio, molesta a la otra parte.

Para los grandes negociadores, "NO" ofrece una excelente oportunidad para que usted y la otra parte determinen lo que desea, al excluir lo que no desea.

"No" es el comienzo de una negociación y no el final de la misma.

Los buenos negociadores apuntan al "no" porque entienden que ese es el punto en el que comienza la negociación real. "No" generalmente puede significar:

- No estoy listo para aceptar.
- Me está haciendo sentir muy incómodo/a.
- No creo que pueda pagarlo.
- No entiendo.
- Requiero información adicional.

Haga el tipo de preguntas basadas en la solución: "¿Qué pasa si esto no funciona para usted?" "¿Qué necesita para asegurarse de que funcione? "Parece que hay algo aquí que le preocupa".

Es posible que la gente quiera decir "No" de inmediato, pero no lo haga; sin embargo, usted debe llevarlos a que lo digan pronto.

Hay tres tipos de "Sí":

- Falso
- De confirmación
- De compromiso

En el caso del "sí" falso, la otra parte quiere decir "no", pero considera que "sí" es la ruta más fácil y solo quiere asegurarse de que la conversación continúe.

Un "sí" de confirmación en general es inocente, y una respuesta reflexiva a una pregunta en blanco o negro. A veces, se usa para establecer una trampa, pero en la mayoría de los casos, es una simple afirmación sin una promesa de acción.

Finalmente, existe "sí" de compromiso. Este es el trato real, y es el acuerdo correcto que resulta en la acción "sí" en la mesa y una firma del contrato. Este tipo de compromiso es lo que usted espera, pero los tres tipos se ven iguales, por lo que uno tiene que aprender a identificar el que se está utilizando.

Ya sea que se refiera a él como "buy-in" o "compromiso" o algo diferente, los grandes negociadores entienden que su trabajo es guiar lentamente a la otra parte a descubrir su objetivo.

Si bien utilizar todas las habilidades para construir una buena relación, una conexión y un acuerdo con una contraparte es crucial, a menudo este tipo de relación es inútil a menos que la otra parte sienta que es responsable de construir la conexión, así como las nuevas ideas.

Si bien la intensidad puede ser diferente de un individuo a otro, usted puede estar seguro de que todas las personas con las que se encuentre están guiadas por dos impulsos principales: la necesidad de sentirse seguro y la necesidad de tener el control.

Si está intentando vender algo, evite comenzar con "¿Tiene unos minutos para hablar?" Sin embargo, puede preguntar: "¿Ahora es un mal momento para hablar?" De esa manera, recibirá: "Sí, es un mal momento" o "No, es un buen momento".

"No" tiene muchas posibilidades, tales como:

- Permitirá que surjan los desafíos reales.

- Protegerá a las personas y les brindará la oportunidad de corregir decisiones ineficaces.

- Ralentizará las cosas para que las personas puedan adoptar fácilmente sus decisiones y acuerdos cuando lleguen a un acuerdo.

- Ayudará a las personas a sentirse emocionalmente cómodas y seguras.

- Hará avanzar los esfuerzos de todos.

Otro medio para forzar un "no" en una negociación es preguntarle a la otra parte lo que no quiere.

Incluso después de hacer todos sus esfuerzos, y la otra parte se niega a decir: "No", tratará con personas que son indecisas o tienen una agenda oculta.

Al decir "No", hará que el orador se sienta seguro y en control, y así lo activará. Y esa es la razón por la cual "¿Es un mal momento para hablar?" es mejor que "¿Tiene unos minutos para hablar?"

A veces, el único medio para que su contraparte le escuche y participe con usted es forzarlos a un "no". Significa etiquetar errónea y deliberadamente una de las emociones o hacer preguntas ridículas, como: "Parece que quisieras que el siguiente proyecto fracase", esto solo se puede responder negativamente.

Cuando un posible grupo de negociadores lo ignora, usted puede decidir comunicarse con ellos utilizando un tipo de pregunta clara y concisa de "NO" que muestre que usted está listo para retirarse. Por ejemplo, la pregunta "¿Ha renunciado al siguiente proyecto?" hará maravillas.

Use las dos palabras que cambian instantáneamente cualquier negociación

Antes de persuadir a la otra parte para que vea lo que está tratando de lograr, debe decirle cosas que lo harán decir: "Eso es correcto".

"Eso es correcto" parece mejor que "Sí". Al aplicar "eso es correcto" en una conversación, generará avances.

También puede usar un resumen para activar "eso es correcto". Los componentes básicos de un excelente resumen son una etiqueta combinada mediante parafraseo.

Transforme la realidad de los demás

La palabra más crítica en una negociación es "justo".

Mientras negocia, usted debe aspirar a lograr una reputación de ser justo. Su reputación le precederá. Haga que su reputación lo presente de una manera que genere éxito. Comprenda los detonantes emocionales, y luego podrá sacar los beneficios de cualquier trato en un lenguaje que rime.

Para recibir un apalancamiento real en una poderosa negociación, usted debe convencer a la otra parte de que ellos tienen algo que perder cuando el acuerdo no tiene éxito. A continuación, se muestra cómo puede lograr eso:

1. Active sus emociones

Para cambiar la realidad de la otra parte, debe comenzar con una auditoría de acusación para reconocer todos los miedos de la otra parte. Comience por reconocer las preocupaciones de la otra parte. Ancle su emoción y prepárelo para una pérdida. Usted manejará la pérdida de la otra parte para que reaccione ante la idea de escaparse de eso.

2. Deje que la otra persona empiece

Ser el primero nunca es lo mejor, especialmente cuando se trata de discutir el precio. En cambio, debe permitir que la otra parte maneje las negociaciones monetarias. Al permitirles anclar, puede que usted tenga suerte, pero también debe tener cuidado. Es necesario prepararse psicológicamente para manejar la primera oferta. En caso de que la otra persona sea experta, puede elegir un ancla extrema y cambiar su realidad.

3. Determine un rango

Cuando llegue el momento de decir su precio, debe contrarrestarlo recordando un acuerdo similar que desencadene su "cifra estimada". En lugar de decir: "Esto vale $ 110.000", puede decir: "Las personas en esta profesión ganan entre $ 130.000 y $ 170.000". Eso impulsará su punto sin que la otra parte se ponga en una posición defensiva, y lo hará pensar en un nivel superior.

4. Pivote a términos no monetarios

El mejor y más simple medio para cambiar la realidad de la otra parte en su punto de vista es pasar a acuerdos no monetarios. Una vez que los haya anclado alto, puede traer su oferta y parecer razonable al proporcionar cosas que no son importantes para usted pero que podrían ser vitales para ellos. Cuando la oferta es baja, usted puede solicitar cosas que son más importantes para usted que para ellos.

5. Cuando hable de números, asegúrese de usar números impares

Los números que terminan con 0 a menudo aparecerán como marcadores de posición temporales que se pueden negociar. Sin embargo, si usted menciona cualquier cifra redondeada para decir $ 47.234, da la impresión de que la obtuvo mediante un cálculo complejo.

6. Sorprenda con un regalo

Usted puede atraer a su contraparte a un estado de generosidad generando un anclaje profundo y luego, después de su primer rechazo, proporcionarles un regalo completamente diferente.

Genere una ilusión de control

Cuando usted ingresa a una tienda, en lugar de mencionar al vendedor lo que sea que "necesita", puede elegir describir lo que está buscando y hacer preguntas. Una vez que haya elegido lo que desea, en lugar de decir que no tajantemente, diga que el precio es un poco más alto de lo que había planeado y solicite ayuda con el mejor tipo de preguntas, como "¿Cómo se supone que debo hacer eso?"

Este tipo de preguntas tienen el potencial de enseñarle a la otra parte cuál es el problema en lugar de generar conflicto diciéndole cuál es el problema.

Debe aplicar una pregunta calibrada con frecuencia, y hay algunas cosas que encontrará que empleará al comienzo de cada negociación. Por ejemplo, "¿Cuál es el mayor problema que enfrenta?"

A continuación, hay más ejemplos que puede usar:

- ¿Cómo puedo ayudar a garantizar que esto sea mejor para nosotros?

- ¿Qué nos llevó a la siguiente situación?
- ¿Cómo le gustaría que procediera?
- ¿Cuál es el objetivo?
- ¿Cómo se supone que debo hacer eso?

Al usar estas preguntas calibradas, hace que la otra parte sienta que está a cargo, pero solo usted es quien está construyendo la conversación. Incluso con las mejores técnicas y enfoques, es esencial controlar sus emociones si usted desea tener alguna posibilidad de llegar a la cima.

La primera y más importante regla para mantener la calma emocional es morderse la lengua. Otra idea simple es que cuando sea agredido verbalmente, desarme a su contraparte haciendo una pregunta calibrada.

Cuando una persona siente que no tiene el control, aplica lo que los psicólogos llaman "mentalidad de rehén". Eso significa que, en tiempos de conflicto, tienen que reaccionar ante la falta de poder volviéndose muy defensivos.

Evite preguntas a las que pueda responder con un "sí" o respuestas cortas; estas exigen poca reflexión y motivan el deseo humano de reciprocidad, es decir, se le pedirá que devuelva algo.

Incluya palabras como "cómo" o "qué" en las preguntas que haga. Al pedir ayuda a la otra parte, estas preguntas permitirán crear una ilusión de control a su contraparte y los motivará a hablar más tiempo, revelando información crítica.

Evite hacer preguntas que comiencen con "por qué" a menos que desee que su contraparte defienda algo que lo ayude. "Por qué" suele ser una acusación utilizada en cualquier idioma.

Etiquete sus preguntas para llevar a su contraparte a resolver el problema planteado. Eso le servirá de ayuda a su contraparte para que utilice toda su energía en la búsqueda de una solución.

Implemente una garantía

Es importante que los negociadores se conviertan en "arquitectos de decisión". Necesitan desarrollar dinámicamente los aspectos no verbales y verbales de una negociación para obtener tanto el permiso como la implementación. Un "sí" sin "cómo" no es nada.

Con suficientes preguntas de "cómo", es posible leer y preparar el entorno de negociación de manera que finalmente llegue a la respuesta que a usted le gustaría escuchar.

El secreto de las preguntas de "cómo" es utilizar formas suaves de decir "no" y guiar a su contraparte para encontrar una mejor solución. Un suave "cómo" o "no" crea colaboración y la otra parte se siente respetada.

Además de responder con un "no", el otro beneficio principal de preguntar "¿cómo?" es que obligará a su contraparte a elegir considerar y describir cómo se puede llegar un acuerdo.

Al permitir que sus contrapartes mencionen la implementación en sus propias palabras, deberá haber etiquetado cuidadosamente las preguntas de "cómo" y convencerlas de que la última respuesta es su idea. Esto es importante porque las personas tienden a dedicar mucho esfuerzo a ejecutar una solución cuando creen que es suya.

Hay dos preguntas importantes que puede solicitar para impulsar a sus contrapartes a comenzar a pensar que están definiendo el éxito en su camino. Por ejemplo, "¿Cómo puedo saber que estoy encaminado?" y "¿Cómo abordaremos los problemas cuando nos damos cuenta de que no estamos encaminados?" Cuando responden, puede resumir sus respuestas hasta que escuche: "Eso es correcto". En este punto, usted sabrá que lo ha logrado.

Hay dos signos claros por los que usted debe preocuparse que muestran que su contraparte no cree que la idea le pertenece. Cuando dicen: "Tienes razón", generalmente es un gran indicador de que no creen lo que se está discutiendo. Si usted decide presionar y escucha algo como "lo intentaré", solo sepa que significa "planeo fallar".

Cuando no escuche nada de lo anterior, cambie de nuevo el giro de la negociación con una pregunta calibrada de "cómo" hasta que determinen los términos de un acuerdo. A continuación, haga un seguimiento resumiendo lo que han dicho para obtener "eso es correcto".

Usted también debe estar al tanto de los jugadores de "nivel II". Esto incluye a las partes que no están directamente involucradas, pero que pueden ayudar a implementar los acuerdos que prefieran y bloquear los que no quieran.

A continuación, encontrará las herramientas, tácticas y métodos para aplicar formas sutiles de comunicación verbal y no verbal para aprender y cambiar el estado mental de su contraparte.

- **La regla del 7-38-55 por ciento**

De acuerdo con esta regla, solo el 77% de un mensaje contiene palabras, mientras que el 38% se origina en el tono de voz y el 55% proviene del lenguaje corporal y la cara del hablante. Preste atención al lenguaje corporal y al tono para asegurarse de que van de la mano con el significado literal de las palabras. Si no lo hacen, es probable que el hablante no esté convencido o esté mintiendo.

Siempre que el tono o el lenguaje corporal de una persona no coincidan con sus palabras, use etiquetas para identificar el origen de la incongruencia.

Identifique la incongruencia y manipúlela suavemente contra la otra parte sin faltarle el respeto.

- **La regla del tres**

La regla del tres se trata de persuadir a la otra parte para que acepte lo mismo tres veces en la misma conversación.

La primera vez que le otorgan un compromiso se marca como No 1. Para el No. 2, puede etiquetar o resumir lo que dijeron para que respondan "Eso es correcto". Y la tercera vez puede calibrarlo usando "cómo" o "qué" para que ellos describan lo que constituye el éxito. Podría ser algo como: "¿Qué podemos hacer si nos salimos del camino?"

Las tres veces también pueden tomar la forma de la pregunta calibrada tres veces.

Cómo hacer que la otra parte haga una oferta contra sí misma

El mejor enfoque para hacer que la otra parte reduzca sus demandas es decir "no" y aplicar preguntas de "cómo". Estos son métodos indirectos de decir "no" que no pueden acabar a su contraparte.

El primer paso es usar el viejo modo de espera: "¿Cómo se supone que debo realizar eso?". Debe decirlo respetuosamente para que se convierta en una solicitud de asistencia. Si lo dice correctamente, hará que la otra parte participe en su dilema y presente una mejor oferta.

A continuación, algunos ejemplos de "Su oferta es sincera; sin embargo, lo siento, pero eso no funciona para mí" es una forma inteligente de decir "no".

Esta respuesta bien probada evita crear una contraoferta, y la aplicación del término "generoso" hace que su contraparte se adhiera a la palabra. El "lo siento" también tiende a suavizar el "No" y establecer empatía.

Luego puede seguir con algo como "lo siento, pero me temo que no puedo hacer eso", lo que hace un buen trabajo. Al mostrar la incapacidad para realizar lo que se le pide, puede generar la empatía del otro lado.

Si tiene que ir más allá, entonces "No" es la última forma y la más directa. Verbalmente, debe decirlo con una inflexión hacia abajo y un tono de respeto, por lo que no es un "¡NO!"

Negociar duro

Cuando usted sienta que lo están "poniendo contra una pared", puede desviar la conversación a cuestiones no monetarias que harán que el precio final funcione. Usted puede hacer esto hablando en un tono persuasivo: "Dejemos de lado el precio por ahora y analicemos qué haría que esto fuera un mejor trato". O "¿Qué más me puede ofrecer para que sea un mejor precio para mí?"

Cuando la negociación está lejos de llegar a una solución, debe sacudir las cosas y alejar a su contraparte de una mentalidad rígida. Cuando esté a punto de convencer a un colega dudoso, pregúntele: "¿Por qué tu harías eso?", pero de una manera que lo favorezca a usted.

Si usted desea ganar un cliente de un competidor en particular, podría decirle: "¿Por qué harías negocios conmigo? ¿Por qué pensarías en cambiar tu proveedor actual?". La pregunta "por qué" convence a la contraparte de considerar trabajar con usted.

Usar el pronombre singular en primera persona es una excelente manera de definir un límite sin entrar en un altercado. Cuando dice: "Lo siento, eso no funciona para mí", el término "yo" concentra estratégicamente la atención de su contraparte en usted.

Si usted desea impugnar las declaraciones improductivas de su contraparte, puede decir: "Me siento _____cuando_____ porque_____", y eso requiere un tiempo de espera de la otra persona.

Cómo negociar: Consejos básicos para la negociación inmobiliaria

Algunas personas piensan que las habilidades que usan para negociar pequeños acuerdos son diferentes de las habilidades necesarias para comprar artículos de alto precio, como bienes raíces, empresas y automóviles.

Si bien es posible que una persona pase toda su vida tratando de dominar la técnica de negociación, aprender algunas estrategias de negociación puede colocarlo muy por delante de sus competidores y ayudarlo a superar los momentos en que se encuentra con un vendedor desmotivado o un comprador inteligente.

En resumen, al pasar por un proceso de negociación, considere los siguientes problemas antes de cerrar el trato. Son excelentes consejos de negociación inmobiliaria para vendedores y compradores:

- A menudo, hay opciones y otras cosas a considerar. No acepte un mal trato cuando sabe que hay uno mejor.

- La investigación es importante: Manténgase familiarizado con la propiedad y todas las características del vecindario. Usted puede aprender del vendedor, pero puede descubrir algo que puede aumentar el valor de la propiedad, por lo que debe realizar su propia investigación. Cuanto más sepa, será mejor

- Sea agradable: Inicie negociaciones de una manera que no le falte el respeto a la otra parte. Asegúrese de mostrar respeto y ser justo. Las probabilidades de que la otra parte sea cooperativa y esté lista para considerar sus necesidades son altas. Esto también puede incluir discutir los términos que la otra persona quiere y ser considerado con sus deseos. Tenga en cuenta el adagio: "Lo que da vueltas, da vueltas". Además, es necesario encontrar una similitud, como herencia, deportes o cualquier otra cosa que ayude a consolidar la amistad.

• Compare números con diferentes partes, como agentes de bienes raíces, tasadores y amigos experimentados que son dueños de propiedades. Algunos tasadores le ofrecerán un valor con una validez de seis meses.

• No divulgue información que considere secreta, como el valor de la propiedad y las ideas futuras.

• Conozca su objetivo y lo que quiere pagar. Además, esto está relacionado con la determinación de sus planes y metas. El punto es ser realista y paciente.

Comprar una propiedad de inversión es uno de los pasos más importantes para convertirse en un exitoso inversionista de propiedades de alquiler o expandir su negocio de inversión de alquiler. Con el poder de negociación adecuado, usted tomará la mejor decisión y comprará una propiedad de inversión. Los consejos discutidos anteriormente serán de gran ayuda para llegar a un acuerdo sobre el precio de una propiedad y el resto de los términos para comprar una nueva propiedad de renta.

Capítulo 7: Los secretos de inversión y gestión de propiedades de alquiler

Elija el plan correcto

Una propiedad de alquiler es un tipo importante de inversión, y como con cualquier inversión, hay algún riesgo involucrado. Es por eso que usted necesita tener un plan de seguro que proteja su negocio. En otras palabras, un plan de seguro asegurará sus activos y así evitará cualquier estrés. Sin embargo, encontrar el programa adecuado puede ser muy difícil cuando usted no tiene suficiente información y conocimiento.

Este libro le ha facilitado toda la información compilada que debe tener en cuenta al elegir un plan de seguro para su propiedad de alquiler. Con un conocimiento de lo básico, usted puede tomar una decisión inteligente y sentirse seguro de seguir adelante:

1. Diferencias entre seguro de propietario y el seguro del arrendador

Usted necesitará algo adicional a la política del propietario existente que protege su propiedad de alquiler. Aunque el seguro para propietarios y arrendadores cubre daños, el seguro del arrendador ofrece mayor seguridad. Por ejemplo, cubre cualquier pérdida de ingresos que usted pueda experimentar durante una reparación.

La póliza de seguro del arrendador también tiene cobertura de responsabilidad civil por cualquier problema legal que pueda surgir como consecuencia de una lesión en su propiedad. Por lo tanto, no hay nada de qué preocuparse por un resbalón o una caída.

Aunque las características anteriores del seguro del arrendador parecen atractivas, existen algunos costos. En promedio, es posible que usted deba pagar entre un 10 y un 20% más en comparación con las primas de seguro de propietarios de viviendas, aunque el último cálculo depende del tipo de póliza de vivienda que elija comprar.

2. Los diferentes tipos de pólizas de seguro de vivienda

Usted deberá definir su póliza de vivienda en función de varios factores, pero el más importante es su presupuesto. Si usted tiene suficiente dinero, opte por una póliza integral, pero si no, puede elegir una opción más asequible. A continuación, se presentan los tres tipos de planes disponibles:

- Póliza Dp-1: incluye cobertura básica de riesgos, como el robo.

- Póliza Dp-2: ofrece una cobertura moderada, que incluye riesgos adicionales, como incendios y daños.

- Póliza Dp-3: es detallada e incluye todos los peligros potenciales.

En la mayoría de los casos, una póliza Dp-3 es la mejor opción. ¿Por qué? Porque le paga los costos de reemplazo completos de un reclamo en lugar del valor real en efectivo. Por ejemplo, si tiene una propiedad antigua que presenta daños graves, recibirá solo una fracción del dinero.

3. Importancia del seguro para inquilinos

Usted puede proteger su propiedad de alquiler, pero aún estará en riesgo si los inquilinos no compran el seguro del inquilino. Pueden responsabilizarlo si incurren en pérdidas de sus posesiones, y esto puede extenderse a una demanda que podría haber evitado de antemano.

Para evitar disputas innecesarias, debe obligar a todos sus inquilinos a comprar un seguro para inquilinos. Es un pequeño detalle que puede ahorrarle una suma significativa de dinero si ocurriera algo malo. Se recomienda encarecidamente que, como inversor en propiedades de alquiler, tome esta precaución y asegure su billetera.

¿Qué póliza debe comprar?

El tipo de póliza que usted debe comprar depende de su situación única. Algunos propietarios optan por una póliza Dp-2; otros no se sienten cómodos sin un Dp. Sea cual sea el plan que usted elija, debe ponerse en contacto con un profesional y discutir los pequeños detalles de lo que desea, acalorando cualquier preocupación o duda que pueda tener sobre una póliza determinada.

Elija a los miembros correctos de su equipo de inversión inmobiliaria

La creación de un equipo de inversión inmobiliaria es fundamental para lograr el éxito en el negocio inmobiliario. Los mejores inversionistas inmobiliarios conocen el valor real que un equipo aporta al negocio. Es difícil estar en todas partes o incluso hacer todo por su cuenta. Este es el momento en que su equipo de bienes raíces entra en juego.

¿Quiénes son?

Un equipo de inversión inmobiliaria es un grupo de profesionales que trabajan estrechamente con usted antes, durante e incluso después de comprar una propiedad de alquiler. El papel de este equipo es ayudarlo a obtener ofertas, ejecutar el proceso de debida diligencia, financiar y ayudar en la gestión general de la inversión.

A medida que usted continúe construyendo su cartera de propiedades de alquiler, contar con un equipo profesional puede ahorrarle tiempo y dinero. El secreto para formar un equipo exitoso es buscar personas confiables. Cree un grupo sólido de expertos a los que pueda recurrir para obtener ayuda.

¿Por qué debería tener un equipo de inversión inmobiliaria?

Una guía completa de inversión inmobiliaria debe mencionar la importancia de construir un equipo de inversión inmobiliaria bien fundamentado. Todos tenemos diferentes objetivos y ambiciones en el sector inmobiliario, pero cualesquiera que sean los objetivos que usted tenga, tiene una posibilidad significativa de alcanzarlos cuando tiene un equipo sólido. Es esencial considerar a sus miembros de bienes raíces como socios comerciales que están allí para ayudarlo a alcanzar su objetivo en la inversión inmobiliaria.

Miembros clave de un equipo de inversión inmobiliaria:

- Agente de bienes raíces
- Esposa

- Abogado
- Prestamistas
- Agente de seguros
- Contador
- Contratistas

¿Cuándo debe construir su equipo de inversión inmobiliaria?

Es esencial comenzar a construir su equipo de inversión inmobiliaria lo antes posible. No espere hasta que tenga diez propiedades de alquiler. Recuerde: el valor de su equipo continúa duplicándose a medida que establece sus relaciones profesionales. Estos miembros son sus compañeros de equipo, y tener estas personas clave al principio puede ayudarlo a alcanzar un éxito masivo y más rápido. Su equipo de inversión inmobiliaria puede ser útil durante el período de compra de diligencia debida.

¿Dónde puede conseguir estos miembros?

Hay muchos lugares diferentes donde usted puede buscar los miembros de su equipo, pero el mejor lugar para comenzar es preguntar a otros inversionistas de propiedades de alquiler. Puede encontrar inversionistas inmobiliarios asistiendo a reuniones locales de bienes raíces, grupos inmobiliarios en Facebook y foros inmobiliarios. A los inversores inmobiliarios les gusta trabajar en estrecha colaboración con los miembros del equipo de inversión inmobiliaria. A medida que continúe construyendo su equipo, usted debe pedirles a sus miembros que le digan si conocen a algunos amigos inversores de bienes raíces en su red.

¿Cómo gestionar su propiedad de alquiler como un profesional?

Si bien los bienes raíces también se consideran un método de ingreso pasivo, este no es un tipo de negocio que establecerá y se olvidará de él, y donde se sienta y espera que llegue el dinero. Una vez que identifica una propiedad de alquiler para comprar, hay muchas tareas que debe hacer para asegurarse de cumplir su objetivo.

Ya sea que desee administrar bienes inmuebles por su cuenta o haya sido contratado como administrador de propiedades, usted deberá utilizar una estrategia que generará ingresos al final de cada mes. Si alguna vez se ha preguntado: "¿Puedo administrar mi propiedad de alquiler?" y está buscando formas de administrar su propiedad de alquiler, entonces esta sección es para usted.

Principales responsabilidades derivadas de la administración de una propiedad de alquiler

Es crucial que usted conozca las tres áreas fundamentales de la inversión en propiedades de alquiler que deben controlarse:

- Administración de inquilinos
- Administración de la propiedad
- Manejo de las finanzas

Los inquilinos juegan un papel crucial en cualquier inversión de alquiler, y tomarse el tiempo para seleccionar y elegir a los mejores inquilinos le proporcionará las mayores probabilidades de lograr el éxito.

Secretos de la gestión de las propiedades inmobiliarias

Administración de inquilinos

La buena gestión de los inquilinos requiere que una persona tenga excelentes habilidades sociales, especialmente cuando se trata de atender las quejas presentadas por los inquilinos. Conocer las quejas más comunes y cómo ser proactivo para solucionarlas aumentará la tasa de inquilinos que se quedan en su propiedad. Hacer un seguimiento con un inquilino después de haber realizado algunas reparaciones, ya sea invasión de plagas o fugas de agua, demuestra que usted está muy atento y preocupado por su estadía. Incluso cuando la queja proviene de una fuente desconocida, ser respetuoso y responder de buena forma aumenta las posibilidades de que los inquilinos permanezcan en su propiedad. La mejor manera de garantizar que los inquilinos siempre estén bien es realizar inspecciones periódicas de la propiedad. De esta manera, notará áreas que necesitan reparación y evitará quejas de los inquilinos.

La primera preocupación del arrendador con los nuevos inquilinos es la falta de pago de la renta. Un inquilino que no paga el alquiler a tiempo puede causar una gran molestia. Los propietarios pueden tomar varias medidas para garantizar que estos problemas no ocurran mediante recordatorios de alquiler y multas por demoras. Elegir utilizar los pagos de alquiler en línea es otra excelente manera de ofrecer a los inquilinos formas convenientes de pagar el alquiler a tiempo.

Si usted evita desalojos costosos, su beneficio de la inversión inmobiliaria será alto. Además de los pagos atrasados, podría haber otras razones, como amenazas a la seguridad de su propiedad que podrían provocar el desalojo. Si usted tiene que llevar a cabo el proceso de desalojo, asegúrese de hacerlo de acuerdo con las normas de su estado. Por lo general, puede evitar que se produzca el desalojo al evaluar a sus inquilinos para asegurarse de permitir solo la entrada de inquilinos de alta calidad.

Otro factor crítico es la rotación de inquilinos, ya que puede afectar sus ganancias muy rápidamente. Aunque la rotación del inquilino es una característica natural del alquiler, e incluso puede otorgarle la oportunidad de cobrar más alquiler al inquilino que se muda, también puede consumir sus ganancias si sucede regularmente. La única forma segura de asegurarse de mantener los beneficios de su propiedad de alquiler es hacer felices a sus inquilinos. La mayoría de estas cosas son bastante simples, como responder a llamadas que requieren que realice reparaciones y agregar algunas características que atraerán o harán que sus inquilinos actuales quieran continuar.

Hacer algunas mejoras estratégicas también puede hacer que una casa parezca un hogar y alentar a los inquilinos a quedarse más tiempo. Cuando maneje inquilinos, usted debe asegurarse de adherirse estrictamente a las reglas del propietario-inquilino. Debe incluir la Ley Federal de Equidad de Vivienda y otras regulaciones locales. El reembolso de los depósitos de seguridad, la elección de los inquilinos y la presentación de un aviso antes de ingresar son todos los procesos que requiere la ley del propietario e inquilino. Es crucial que usted aprenda sobre esto para asegurarse de optimizar sus responsabilidades administrativas.

Mantenimiento de la propiedad

Como arrendador, usted tiene el mandato legal de asegurar su propiedad y garantizar que sea seguro permanecer en ella. Una cosa con la que tendrá que luchar es encontrar buenos inquilinos si el mantenimiento es un problema. Sin embargo, es más rentable realizar reparaciones regulares y mantener la propiedad que tener que esperar hasta que surja una emergencia. Uno de los principales riesgos de convertirse en arrendador es manejar problemas de mantenimiento masivos que pueden ser costosos y que su seguro puede no cubrir.

El mantenimiento de algunas propiedades debe realizarse todos los años para que no termine con una emergencia. Ya sea que haya un problema o no, es bueno reemplazar las mangueras de suministro y las líneas de drenaje en un lavavajillas y lavadora. Si tiene una propiedad antigua, podría ser el momento de buscar un plomero que reemplace las válvulas de agua y los grifos del fregadero. Al realizar estas reparaciones, reducirá el riesgo de problemas relacionados con el agua en el futuro.

La remodelación de su propiedad puede garantizar que su alquiler siga siendo rentable y, nuevamente, podría ahorrar dinero reparando antes de realizar un reemplazo completo. Por ejemplo, ahorrará algunos costos al limpiar una alfombra antes de comprar alfombras nuevas.

Contratación de un administrador de la propiedad

La decisión de contratar o no un administrador de la propiedad depende de algunos factores únicos. Los que están fuera del estado pueden tener que involucrar a un tercero para que se ocupe de las operaciones diarias de la inversión inmobiliaria. Además, si vive cerca de su propiedad de alquiler, también puede contratar a un administrador de la propiedad para que lo ayude. A veces, es posible que usted no tenga tiempo para comprometerse a administrar la propiedad, o no quiera que lo interrumpan temprano en la mañana para emergencias. Incluso cuando contrata a un administrador de propiedades para que lo ayude a administrar su propiedad, no significa que no tenga control sobre las operaciones diarias que tienen lugar en su propiedad. Un buen administrador de la propiedad puede realizar la mayoría de las responsabilidades de gestión, convirtiendo su alquiler en una inversión real de ingresos pasivos. Si usted va a contratar a un administrador de propiedades, debe asegurarse de estar en la misma página cuando se trata de seleccionar un inquilino. Dado que la mayoría de los administradores de propiedades pueden no tener el mismo deseo que un propietario, es posible que no aborden los problemas de la misma manera.

Secretos para una inversión inmobiliaria exitosa

La idea de ganar millones invirtiendo en bienes raíces atrae a muchos inversores. Aquí hay una recopilación de secretos para impulsar su éxito en la inversión inmobiliaria:

Darse cuenta de los compromisos a tiempo

Por supuesto, la inversión en la propiedad de alquiler requiere un poco de capital para comenzar, pero si usted elige alquilar su propiedad, debe estar preparado para enfrentar los lados malos, útiles y feos de esta elección. Hay una gran diferencia entre un propietario y un arrendador. Es quizás uno de los factores más importantes que deberá decidir al comprar una propiedad para alquilar en lugar de vivir en ella. Ser arrendador no es tan difícil, pero hay mucho trabajo. No importa si está tratando directamente con un inquilino o con una empresa de administración de propiedades de alquiler, aún recibirá algunas llamadas de emergencia sobre fugas de agua o costos inesperados para reparar una lavadora defectuosa. Por lo tanto, antes de ingresar al mundo de la inversión en propiedades de alquiler, asegúrese de comprometer lo que se requiere para garantizar que la empresa sea exitosa.

Diseñe su estrategia de inversión

¿Está interesado en una propiedad de remodelar y vender para obtener ganancias? ¿O quiere comprar una propiedad y alquilarla? ¿Cuánto ingreso necesita para cubrir las facturas de la hipoteca y los gastos fundamentales? ¿Cuál es el crecimiento de capital proyectado de la propiedad? ¿Tiene una estrategia de salida? Si usted puede responder estas preguntas, sabrá cuál es la mejor manera de lograr sus objetivos. Puede ser un inversionista muy ambicioso que desee renunciar a un trabajo a tiempo completo y construir rápidamente una cartera para que actúe como su fuente principal de ingresos, o podría ser un propietario que desea obtener ingresos adicionales mediante el alquiler de una propiedad. Una vez que haya escrito sus razones para invertir y sus objetivos, puede comenzar su estrategia de inversión inicial.

Siempre busque propiedades y lugares potenciales

Las propiedades que exigen muchas reparaciones pueden ser un gran desvío para los inversionistas, ya que plantea la cuestión del tiempo y el capital antes de que esté listo para alquilar. Si bien una propiedad llave en mano puede atraer fácilmente a los inquilinos, no tiene la misma capacidad de generar grandes ganancias. Una propiedad bien construida y amueblada no solo producirá mayores ganancias, sino que también aumentará el valor de la propiedad. Eso significa que usted tiene más posibilidades de salir con un ingreso enorme si decide vender la propiedad. Sin embargo, para que esto suceda, la ubicación también es importante. Hay casas encantadoras que yacen vacías porque la ubicación es indeseable. El secreto es investigar el mercado y actuar rápidamente cuando se presenta la oportunidad adecuada.

Cuatro pecados de inversión inmobiliaria que arruinarán su inversión

1. Establecer sus tarifas de alquiler

Podría preguntarse: "¿Cuál es la dificultad para determinar las tarifas de alquiler?"

Lo que usted debe hacer es buscar un periódico o saltar a Craigslist y elegir un número, ¿verdad? Además, usted es lo suficientemente inteligente como para realizar algunas matemáticas básicas y sabe que cuando el pago de su hipoteca es de aproximadamente $ 800 / mes, entonces necesita un dinero extra para cubrir los gastos.

¿Pero cuánto más necesita para cubrir los gastos?

Bueno, cualquier cosa por encima de $ 1 va a su cuenta. Por lo tanto, usted desea tanto como pueda obtener, pero al mismo tiempo no debe ahuyentar a sus inquilinos. Además, ya ha gastado algo en reparaciones y mejoras. Eso tiene que ser más que unos pocos dólares.

Eso hace que usted comience a pensar en todo el trabajo que ha hecho. Cuando calcula y resume todo, ahora se da cuenta de que es hora de que le devuelvan el dinero. Entonces, rápidamente, la idea de la renta surge en su mente. Luego, justo cuando está a punto de publicar su anuncio con una tarifa de alquiler elevada, observa lugares en alquiler en su área que le hacen comenzar a frotar su cuello. ¿Se pregunta cómo un lugar hermoso como ese puede tener un alquiler tan barato?

¿Por qué confiar en su instinto para aumentar las tarifas de alquiler reduce sus ganancias?

Los humanos son criaturas emocionales y, por lo tanto, se apasionan por las cosas en las que invierten su dinero. Usted se convence de que a una persona le encantará la forma en que ha decorado el jardín, por lo que, al decidir las tarifas de alquiler, puede ser difícil para bajarlo.

Lo mismo se aplica a sus armarios importados, azulejos y cualquier otra cosa que haya hecho para mejorar la apariencia de su lugar. Si bien estas son cosas grandiosas, cuando usted se involucra emocionalmente en el valor de la mejora, es la forma segura de nublar su capacidad de tomar las decisiones correctas sobre el monto de la renta a cobrar. Es como tratar de ayudar a alguien en problemas que ni siquiera solicitó su ayuda; se sentirá decepcionado cuando no reconozca todo el apoyo que le brindó.

¿Significa esto que usted no necesita hacer que su propiedad de alquiler sea atractiva? No. Solo necesita a alguien que lo ayude a ver cómo el mercado aprecia todos sus esfuerzos y mejoras. Pero no puede simplemente decidir "aumentar" sus tarifas de alquiler basado en los periódicos y Craigslist.

¿Cómo conseguir ofertas de alquiler que valoren los cambios y activos únicos de su propiedad?

Existen diferentes tipos de sitios web y herramientas en línea a los que puede recurrir para recibir compensaciones de alquiler en un mercado determinado. Algunos cobran una cuota de membresía por mes; otros cobran una tarifa fija por los informes. Aunque esto es mucho mejor que escuchar su instinto y usar Craigslist, tiene sus desventajas.

Para los novatos, la mayoría de *los sitios de comp* solo se enfocan en sitios importantes. Por lo tanto, si su propiedad está ubicada en un lugar rural, deberá utilizar técnicas de base. Otro problema es que no tienen métodos para medir el valor real de sus mejoras.

Ahí es donde debe buscar una empresa profesional de administración de propiedades. Realizarán un estudio de mercado en profundidad para determinar el precio de su propiedad. Además de eso, evaluarán sus inversiones y crearán una estrategia rentable para sus condiciones particulares de mercado.

¿Son caras estas compañías de administración de propiedades?

Apenas. Según un informe de la Oficina del Censo, los propietarios de alquileres deben deducir más del "20% de sus ingresos de alquiler" para manejar el mantenimiento, luego una compañía de administración de propiedades cobra del 6 al 10%.

Entonces, usted puede ver por qué no puede arriesgarse a confiar en su instinto sobre las tarifas de alquiler.

Independientemente de si combina herramientas locales, se asocia con una empresa de administración de propiedades o usa sitios de compensación, usted no puede arriesgarse a confiar en su instinto. ¿Por qué? Si utiliza una tarifa incorrecta o más baja para atraer a los inquilinos, siempre lo pagará a largo plazo. Es por eso que debe buscar asistencia objetiva cuando desee establecer sus tarifas de alquiler.

2. Cobrando cheques de alquiler

Usted es una buena persona, y esto es algo que le resulta difícil de superar. Ahora, ¿deja de ser amable y se convierte en un tacaño despiadado para ser efectivo? Por supuesto que no.

Sin embargo, muchos arrendadores y propietarios que encuentran difícil obtener ganancias piensan que son amables al permitir que los pagos de los depósitos de seguridad se retrasen, y luego se dedican a cobrarlos durante meses. Cada mes, los inquilinos se aprovechan de su buen corazón con excusas sobre la costosa guardería o alguna otra historia.

¿Por qué necesita una estrategia sin emociones para cobrar el alquiler?

Recuerde que usted está llevando un negocio en el que el flujo de efectivo es el negocio principal. Cuando usted recibe el alquiler con retraso, es probable que el pago de su hipoteca se retrase. En otras palabras, su banco le cobrará una cierta tarifa. ¿Se da cuenta de que a su banco no le importa independientemente de cuán válida sea su excusa para retrasarse en los pagos? Si se sigue retrasando, el banco ejecutará su propiedad.

En consecuencia, usted debe imitar la misma mentalidad.

Su banco tiene una estrategia y un sistema que no involucra las emociones. Si usted se retrasa un día, la computadora lo calcula automáticamente. Al mismo tiempo, se establece una penalización inmediatamente un minuto después de su período de gracia. El único método para evitar intereses y mantener su propiedad es pagarlo. Puede optar por hacerse la vista gorda con sus llamadas telefónicas, cartas y correos electrónicos automáticos, y recurrirán a una acción planificada previamente, como apoderarse de su casa.

Usted puede considerar esta acción como dura de corazón, pero es precisamente lo que usted necesita tener. De la misma manera que firmó en papel antes de ser propietario de la casa, sus inquilinos deben firmar lo que se debe hacer cuando se atrasa en el pago de la renta.

Por lo general, esto es a menudo una tarifa de $ 50-60, con cargos adicionales por cada día de retraso después de eso. Pero no se siente a esperar que le paguen. Si es un propietario con ánimo de lucro, debe comenzar el proceso de desalojo inmediatamente después del período de gracia. No tiene nada de malo. Si pagan, el proceso de desalojo se cancela.

Con la tecnología moderna de hoy, crear un sistema efectivo de cobro de alquileres es tan fácil como contar 1-2-3

Si el papel y el lápiz son los sistemas que utiliza para recibir el alquiler, está perdiendo ganancias. Los cambios modernos en la tecnología han llegado con un sinfín de sistemas de software que facilitan el cobro de su alquiler a tiempo.

Un método de cobro de alquileres "infalible" tiene muchas partes móviles. Primero, así es como quiere cobrar el alquiler. Hay características legales de lo que puede cobrar y cuándo puede comenzar el proceso de desalojo. Eso significa que debe tener un equipo y un sistema eficiente, porque la mayoría de los arrendadores, incluso con sus mejores intenciones, aprenden sobre sus derechos legales solo después de ser convocados en diferentes momentos en la corte.

La dura verdad acerca del cobro de alquiler

Si usted no instala un sistema confiable y preciso que incluya las leyes para cobrar alquileres, se le retirará del negocio.

Ya sea que elija diseñar su sistema o utilizar una red de inversionistas de alquiler, puede eliminar la molestia y el drama de cobrar el alquiler y asegurar el activo más importante de su inversión.

3. Marketing anémico

Su propiedad no es la única propiedad en alquiler en su comunidad, por lo que usted deberá estar preparado para competir por la atención de los inquilinos. Si su estrategia de marketing es publicar un anuncio en Craigslist en cualquier momento que haya una vacante, entonces está en problemas. Esta técnica reactiva es perjudicial para los nervios y provocará errores estúpidos.

¿Por qué usted siempre debe pensar como un vendedor?

Los propietarios de propiedades de alquiler exitosos a menudo piensan en el futuro. Esto también significa que hacen marketing futuro. Siguen pensando en las cosas que hacen que su propiedad y comunidad sean únicas. Buscan formas de cambiar el mercado haciendo mejoras y puliendo la apariencia exterior.

Les gusta confiar en los conocimientos extraídos de las encuestas de los inquilinos y los estudios de mercado para conocer el tipo de mejoras que probablemente coincidan con el aumento de los alquileres. Saben lo que los inquilinos de alta calidad consideran y esperan atraer y transmitir ese mensaje en cada anuncio y folleto que crean.

Incluso después de hacer esto, no se sienten satisfechos de que esto atraiga a inquilinos estelares a su propiedad. Entonces, deciden estudiar y probar nuevos anuncios y embudos de marketing. Refinan sus anuncios en función de una cosa: resultados.

En esta sección, es difícil explicar todo sobre cómo comercializar, cómo distinguir su propiedad en anuncios y cómo obtener su propiedad ante los ojos de sus posibles inquilinos.

Pero lo que podemos decirle es cómo el marketing efectivo puede atraer a muchos inquilinos

Dependiendo de cómo sea su propiedad cuando un inquilino desocupe, puede requerir una o dos semanas para preparar una casa antes de que la siguiente persona se mude. En otras palabras, su propiedad puede permanecer inactiva durante semanas. Las vacantes son peligrosas porque pueden eliminar las ganancias de un año o más.

Si tiene varias unidades, es difícil que todas las unidades estén completamente ocupadas. Es por eso que se recomienda vigilar quién está a punto de irse.

Si desea que su propiedad se ocupe por completo y genere suficientes ganancias, debe contratar a una persona para que le ayude a comercializarla. Afortunadamente, usted puede buscar personas que lo ayuden. No necesita una agencia de publicidad, pero puede optar por contratar a vendedores de diferentes plataformas en línea. Pero, aun así, deberá supervisar y pagar anuncios específicos.

4. Alquilar a las personas equivocadas

Si usted tiene una propiedad de alquiler, es solo cuestión de tiempo antes de ponerse en contacto con un "inquilino profesional". Estos son inquilinos que piensan que, al ser dueños de la propiedad, debe permitirles vivir sin pagar alquiler.

Los pasos de su aplicación están destinados a eliminar este tipo de personas. Sin embargo, el inquilino profesional se aprovechará de usted con contratos de alquiler sueltos y pasos de mudanza de mala muerte. Eso es lo que les da el poder en la corte para mostrarle al juez que usted es un " arrendador explotador".

¿Cómo puede evitar batallas judiciales costosas y embarazosas con "inquilinos profesionales"?

La forma de evitar este tipo de batalla es seleccionar a cada solicitante. Mientras tengan más de dieciocho años, deben ser interrogados; no importa si usted los conoce o no. También debe tener un proceso eficaz para las pruebas telefónicas y personales para poder identificarlos antes de perder el tiempo.

Deje que cada solicitante complete un formulario. También deben firmar documentos para permitirle extraer informes de crédito y comunicarse con empleadores y propietarios actuales y anteriores si muestran cierta resistencia.

Comuníquese con todos los contactos de empleadores y propietarios. Solo hacer una llamada telefónica por sí solo no es suficiente, y debería considerar hacer preguntas.

Los buenos propietarios rechazan a muchas personas antes de aceptar a alguien, y la razón es que tienen un estándar bien definido del tipo de inquilino que desean. Si no realiza correctamente su proceso de evaluación, podría perder tiempo y dinero en los tribunales. Si usted puede hacer esto bien, será fácil para usted defenderse en la corte.

Aunque puede hacer todo el proceso de selección y buscar inquilinos usted mismo, sepa que una herramienta de evaluación en línea aún no es suficiente.

Usted debe realizar un proceso completo desde la primera respuesta a su anuncio hasta que les dé las claves. No se salte al abogado porque se asegurarán de que su trabajo legal esté en orden en caso de que surja un inquilino profesional.

Hay un atajo para evitar hacer todo esto usted mismo, y es contratar una empresa de administración de propiedades. Tienen experiencia en la búsqueda de buenos inquilinos y se encargarán de todos los detalles.

Estrategias de salida e intercambios

1. Aguante para siempre

Toda la charla relacionada con la inversión de propiedades con fines de lucro y diversión, la inversión en propiedades de alquiler se enfoca en hacerse rico lentamente. Comprar una propiedad que puede conservar durante un buen número de años es mejor y, en muchas situaciones, es una estrategia fácil en comparación con lidiar con un cambio rápido. Seguir esta técnica más lenta puede ser diferente de lo que ve en la televisión, pero puede ser útil cuando necesita establecer un ingreso continuo para mejorar las finanzas de su familia.

Planifique una estrategia de salida

Comprar una propiedad de inversión de alquiler para conservar tiene un significado diferente para diferentes personas. Una forma implica comprar una propiedad y conservarla para siempre. Para otras personas, significa comprar una propiedad y mantenerla durante unos diez años y luego venderla a un precio más alto. Su plan de salida le dirá cómo puede comprar y controlar la propiedad, por lo que debe determinar el programa antes de comenzar. Solo asegúrese de incluir estrategias fiscales potenciales para reducir la factura cuando venda.

2. Ofertas de financiación del vendedor

Es una opción utilizar el financiamiento tradicional cuando se trata de obtener una hipoteca. Con las siguientes condiciones, el financiamiento del vendedor ayudará a una persona a recibir un tipo de crédito alternativo. Los vendedores pueden involucrar a un cierto número de compradores que no califican para una hipoteca tradicional, y dado que el vendedor está financiando la venta, la propiedad puede tener un rendimiento más alto.

Un banco no participa directamente en una venta financiada por el vendedor. Tanto el comprador como el vendedor hacen planes por sí mismos. Vienen con una nota que define la tasa de interés, establece las fechas de pago y los resultados, en caso de que el comprador decida incumplir.

Cuando solo dos jugadores participan en la financiación del vendedor, puede ser más rápido y más barato que vender una casa de forma habitual.

Los costos de cierre para una venta financiada por el vendedor son más bajos ya que un banco no está involucrado. Cuando el banco no participa, la transacción minimizará los valores de la hipoteca y el origen de la tarifa. La venta de financiación del vendedor solo se ejecuta a corto plazo, que podría ser de solo cinco años, con un "pago total" al final del período. La esperanza es que el comprador refinancie el préstamo con un prestamista tradicional.

Conclusión

Felicitaciones por llegar al final del libro Inversión en Propiedades de alquiler: descubra los secretos de la inversión y gestión de bienes inmuebles, incluidos los consejos sobre negociación y la búsqueda de propiedades de inversión que le brinden ingresos pasivos a largo plazo. Espero que haya sido informativo y haberle proporcionado todas las herramientas que usted necesita para alcanzar sus objetivos.

La inversión inmobiliaria no tiene un mapa y el camino hacia la riqueza no es recto. Usted tendrá que escalar montañas y colinas. Dicho esto, hay cosas que usted puede hacer y seguir para tomar el camino correcto y asegurarse de tener las mejores posibilidades de éxito. Escuchar a los inversionistas y profesionales de bienes raíces es un excelente lugar por el que comenzar. Además, puede combinarlo con los consejos y secretos discutidos en este libro para asegurarse de administrar su inversión de la mejor manera posible.

Ahora todo lo que le queda por hacer es avanzar, tomar su futuro en sus manos y disfrutar de su éxito. ¡Tiene el impulso, las herramientas y la pasión!

Finalmente, si encuentra este libro útil de alguna manera, le agradecería que deje un comentario en Amazon.

www.ingramcontent.com/pod-product-compliance
Lightning Source LLC
La Vergne TN
LVHW041645060526
838200LV00040B/1716